직지의 돛폭에 안긴 바람

직지의 돛폭에 안긴 바람

강산에늘봄잔치 시집

미디어민

들머리 잔말

2000년 7월 1일
서유럽 6개국을 향해 구름 위를 나른 여정
다만 관광지를 둘러봄보단
바라건대 직지를 만나 볼 수 있을까
그 기대에 찬 설렘이 앞선 길

프랑스 파리광장 오벨리스크 상형탑 앞에서
가이드에게 부탁한 통역
국립도서관 동양문헌실 담당 사서 앞에 섰습니다.

직지란 듣지도 보지도 못했다고
일언지하 거절은 시퍼런 칼날에 벤
주인이 도둑에게 애걸한 서글픔과 아픔…

"세계 최초 금속활자 직지
주인은 코리아
한국에 바로 반환하라"
스케치북에 매직으로 쓴 몇 자

찬비 내린 이국에서 일인시위는 위력이 없어
금시 출동한 경찰에 의해
발부받은 엄중한 붉은 경고장

"경찰 앞에서 당장 피켓을 내리고
곧장 물러나지 않으면 강제추방"
파리 경찰청 명령을 거부함에
압수 당한 피켓
인권이 없이 밀침을 당한 작은 몸의 유린

금고에 갇혀 있을 직지를 그리며
빗물 아닌 눈물에 흠뻑 젖어 돌아선지
20여 년, 초고에 낀 먼지를 털어보니

백운화상
초록불조 직지심체요절은
허물 벗은 청정함으로
작은 손길을 기다리고 있었습니다.

저의 이번 졸시는
운율적 정서를 함축시킨 시라기보단
고려 금속활자와 직지에 대한
깊이가 얕은 작은 논문이라 여겨봅니다.

평동 지오지 어등산방에서 씀

| 차례 |

들머리 잔말

첫째 갈피 백운화상 초록불조 직지심체요절

직지심체요절 1　17
직지심체요절 2　18
직지심체요절 3　19
직지심체요절 4　20
직지심체요절 5　21
직지심체요절 6　22
직지심체요절 7　23
직지심체요절 8　24
직지심체요절 9　25
직지심체요절 10　26
직지심체요절 11　27
백운화상　28

둘째 갈피 직지 금속활자본

직지 금속활자본 1　31
직지 금속활자본 2　32
직지 금속활자본 3　33
직지 금속본 필사　34
직지 목판본 1　35
직지 목판본 2　36
직지 목판본 3　37
직지 목판본 4　38
직지 목판본 필사　39

셋째 갈피 직지의 돛폭에 안겨 든 바람

직지의 돛폭에 안겨 든 바람 1　43
직지의 돛폭에 안겨 든 바람 2　44

직지의 돛폭에 안겨 든 바람 3　45
직지의 돛폭에 안겨 든 바람 4　46
직지의 돛폭에 안겨 든 바람 5　47
직지의 돛폭에 안겨 든 바람 6　48
직지의 돛폭에 안겨 든 바람 7　49
직지의 돛폭에 안겨 든 바람 8　50
직지의 돛폭에 안겨 든 바람 9　51
직지의 돛폭에 안겨 든 바람 10　52
직지의 돛폭에 안겨 든 바람 11　53
직지의 돛폭에 안겨 든 바람 12　54

넷째 갈피 청동 쇠북을 울려라

흥덕사지에서 1　57
흥덕사지에서 2　58
흥덕사지에서 3　59
흥덕사지에서 4　60
흥덕사지에서 5　62
흥덕사지에서 6　63
흥덕사지에서 7　64
흥덕사지에서 8　65
흥덕사지에서 9　66
흥덕사지에서 10　67
흥덕사지에서 11　68
흥덕사지에서 12　69
흥덕사지에서 13　70

다섯째 갈피 대한민국의 딸 박병선

지하실에서 직지의 재발견 1　73
지하실에서 직지의 재발견 2　74
지하실에서 직지의 재발견 3　75

지하실에서 직지의 재발견 4   76
지하실에서 직지의 재발견 5   77
지하실에서 직지의 재발견 6   78
지하실에서 직지의 재발견 7   79
지하실에서 직지의 재발견 8   80
지하실에서 직지의 재발견 9   81
지하실에서 직지의 재발견 10   82
증빙자료 연구 1   83
증빙자료 연구 2   84
증빙자료 연구 3   85
증빙자료 연구 4   86
세계로의 공식 공포   87
세계 최초로의 공식 인정   88

여섯째 갈피 유네스코 등재

유네스코로 간 금속활자본 직지 1   91
유네스코로 간 금속활자본 직지 2   92
유네스코로 간 금속활자본 직지 3   93
유네스코로 간 금속활자본 직지 4   94
유네스코로 간 금속활자본 직지 5   95
유네스코로 간 금속활자본 직지 6   96
유네스코로 간 금속활자본 직지 7   97
유네스코로 간 금속활자본 직지 8   98
유네스코로 간 금속활자본 직지 9   99
금속활자 만들기 1   100
금속활자 만들기 2   101
금속활자 만들기 3   102
금속활자 만들기 4   103
금속활자 만들기 5   104
금속활자 만들기 6   105
금속활자 만들기 7   106

금속활자 만들기 8　107

일곱째 갈피 고려 때 활자 하나

금속활자 만들기 9　111
금속활자 만들기 10　112
금속활자 만들기 11　113
금속활자 만들기 12　114
금속활자 만들기 13　115
금속활자 만들기 14　116
금속활자 1　117
금속활자 2　118
금속활자 3　119
금속활자 만들기 15　120
고려 때 활자 하나 1　121
고려 때 활자 하나 2　122
고려에서 유럽까지 1　123
고려에서 유럽까지 2　124

여덟째 갈피 절대 행위

대한민국에 고하는 직지의 말씀 1　127
대한민국에 고하는 직지의 말씀 2　128
빼앗긴 자의 후예로 1　129
빼앗긴 자의 후예로 2　130
빼앗긴 자의 후예로 3　131
직지와 의궤의 대모 1　132
직지와 의궤의 대모 2　133
직지와 의궤의 대모 3　134
직지와 의궤의 대모 4　135
흥덕사지 유물 앞에서 1　136
흥덕사지 유물 앞에서 2　137

고문전 보대전에 대한 이설 **138**
유네스코 등재 1 **139**
유네스코 등재 2 **140**
백운화상 1 **141**
백운화상 2 **142**

아홉째 갈피 직지에서 **구텐베르크**

42행 성서 1 **145**
42행 성서 2 **146**
구텐베르크 1 **147**
구텐베르크 2 **148**
흥덕사를 그려 본다 **149**
여래는 늘 빙그레 1 **150**
여래는 늘 빙그레 2 **151**
여래는 늘 빙그레 3 **152**
이 뭣고? 1 **153**
죽음에 대하여 1 **154**
무아 **155**
본래불 **156**
피안의 존재 **157**
죽음에 대하여 2 **158**
죽음에 대하여 3 **159**
하나는 절대로 하나가 아니다 **160**

열 번째 갈피 직지에서 엿본 법어

한 그릇의 공양 **163**
현계의 불 **164**
생사의 대의 **165**
육과 영의 여래 **166**
창조주의 작업 1 **167**

창조주의 작업 2　168
부처도 마음이 무거우면 중생이다 1　169
부처도 마음이 무거우면 중생이다 2　170
이 뭣고? 2　171
다중일체　172
환상계와 현상계　173
진아 1　174
불보 · 법보 · 승보　175
만만세가 지나도　176
진아 2　177

열한 번째 갈피 법어를 서툴게나마 읽어보기

살생　181
간음　182
도둑질　183
거짓말　184
금주　185
삼경몽　186
십중대은　187
예와 지금의 십세 1　188
예와 지금의 십세 2　189
원각대지 1　190
원각대지 2　191
원각대지 3　192
생멸심　193
삼보시 1　194
삼보시 2　195

열두 번째 갈피 게송의 찬미

법 1　199

법 2	200
법회선열 1	201
법회선열 2	202
불자	203
상나화수와 문답	204
법 3	205
향중과 우바국다	206
법 4	207
깨달음	208
석옥청공 선사의 임종게	209
의식의 근원	210
해와 달이 몇이 드냐	211
본래성불	212
내심	213
오늘 무슨 일을 짓나	214

해설

| 시인의 사명 – 예언의 빛 · 이혜선 | 217 |
| 송구스러운 필설로 받든 『직지(直指)』의 위업(偉業) · 노창수 | 221 |

첫째 갈피

백운화상 초록불조 직지심체요절

직지심체요절 1

백운화상은
고려의 큰스님 법명

직지심체란
깊디 깊은 심정으로

하나로의 주관적인
마음 속 불성

요절은
붓다의 뜻일레

즉, 선사들의 근본을
요약한 의미

초록이란 글자는
간추린 정리로

불국토인 화엄
연화계에서

불경, 법어, 경전으로
직지심체요절이렷다.

직지심체요절 2

청주 흥덕사에서
1377년 간행한 책자
세계에서 가장 오래된
금속활자본 직지로

불조 직지심체요절
직지심체요절
직지심체 등으로 불러온 직지는

백운화상 초록불조 직지심체요절이
그 본래의 원명

인간이 객관화할 수 없는
불성의 본체를 의미

육도*의 중생과 사성*이
덜도 더함도 없는 한길이어라.

*육도(六道) 지옥, 아귀, 축생, 수라, 천상, 인간, 선악에 의한 윤회
*사성(四聖) 불 : 불타
　　　　　　 보살 : 부처에 버금간 성인
　　　　　　 성문 : 설법을 듣고 깨달음
　　　　　　 연각 : 홀로 진아를 깨닫는 자

직지심체요절 3

백운은 쉰 네 살에
중국 호주 석옥청공 선사로부터
불성을 받아 깨달은 늦깎이 승려

선사로부터
불조 직지심체요절
제1권을 받아든 후

인도 고승인 지공화상을 뵙고
더 불도를 갈고 닦아
연등을 밝힌 심정

안국사, 신광사, 흥덕사
살림과 불을 맡아
양성했던 여러 후진들

성불사에서
145가 법어를 간추린
상권 하권

편집과 저술에 몰입으로
번뇌의 굴레를 벗어나
해탈로 도래한 불타렷다.

직지심체요절 4

경전의 백미인 직지는
흥덕사에서 발간된
금속활자본 상권은 행방을 모르고

총 38장 1책으로 된 하권은
프랑스 국립도서관
동양문헌실에 보관되기 전엔
지하 창고에 이름없이 묻혀 있었다

고려, 조선, 한국은
빼앗긴 피해자로
어디에 있는지조차 모른 행방

고려인에 의해
그것도 세계 최초로
녹인 쇳물 글자로 찍힌 활자본이어도

대한민국의 호명을 받기 전에는
누구의 부름이나 물음에
일어나 대답할 수 없는 기구한 운명

직지심체요절 5
– 직지 목판본

취암사에서 발간한
직지 목판본 상·하권

완전하게 묶인
각 한 권씩의 법어전서로

국립중앙도서관
한국학 중앙연구원 장서각

전남 영광군 불갑산 도량인
불갑사에도 소장

금속본 탈자로
알 수 없던 내용과 체제를

목판본 상·하권에서
대조해 체득할 수 있어

중히 보전 연구해야 할
귀중한 자료이어라.

직지심체요절 6

선옥선사가 전해 준 직지
불조 직지심체요절에

선문염송*
치문경훈* 등에서 보완하여

예전 7불과
인도 28조사

중국 110선사 등
모두 145가에서

법어를 가려 뽑은
307편

게, 송, 찬, 가, 명, 서
법어 문답의 수록 중에

한반도 선사론
신라 대령선사가 하권에 기재되어 있어라.

*선문염송 불경을 외운 마음
*치문경훈 선사들의 권선문을 모은 불경

직지심체요절 7

중생계
화엄계

그 뼈의 주제는
직지심체요절

직지인심 견성 성불이란
선종의 불도를 깨닫는 명구

참선을 통해
마음을 바르게 본 중생

그 마음의 본성이
곧 살아 있는 부처로

화엄계 심지는
곧 보고 듣고 느낀 깨달음

객관할 수 없는
심계의 불성으로

생사의 변화를 초월한
무위대도의 열반계

직지심체요절 8

청주목 밖에 있던
흥덕사에 모여든

백운화상의 후진들
열 손가락으로 헤일 수 없구나

석찬은 화상의 어록인
상·하권을 수집해

화상의 수행시자인
묘덕과 함께

흥국사 금속본과
취암사 목판본 직지 간행에 애쓴

승려와 시주자로
직지를 탄생시킨 장본인들

그 불조직지는
고려에서 연구해

첫 고안으로 만든
첫 주물 활자로

세계적으로 뿌리내린
공통문화이어라.

직지심체요절 9

직지 간행에 관여했음은
석찬, 묘덕만이 아닌

백운화상이 길러 낸 후진은
그 외에도 여러 제자들

큰스님의 가르침을
세상 밖으로 펴기 위해

편찬에 많은 시간과
비구승 묘덕의 아낌없는 시주로

금석본과
목판본이

직지로 간행되었음은
중생계에 빛무리로

산문 밖 피안에서도
쉬이 접할 수 있던

불국의 말씀
연화의 법언

직지심체요절 10

직지의 하권 판식은
사주 단변이며

반엽* 행자 수는
11행 18~20자

주문은 쌍행으로
판심*의 어미

판심제는
직지의 권말제

백운화상
초록불조 직지심체요절이

부처 앞에
중생 앞에 상재되어라.

*반엽 직지 한 장의 한쪽 면
*판심 인쇄판의 한 양식

직지심체요절 11

석옥청공 선사
지공화상 선사

두 선사에게서
전수 받은 법어에

다른 서책 경전
법어와 내용을 인용해

백운화상이
심혈을 기울인 법어전으로

저술 편집한 게
직지란 서책자

불가에선 법어전
중생계에서는 명상전

구제 받을 생명이
가까이 접하면

때가 늦어도 시작만으로
발심하는 불성

백운화상

아무것도 없는 여백뿐인
하얀 백지 위에

죄악의 고통에서
구제 받을 생명에게

아뢸 말씀을 간추려
법어로 옮겨 씀은

계수 은하계에서
구름수레 태워 온

경이롭고 상서로운
극락정토 경전

이 땅에 더하여
고르게 널리 펴

연화 섭리를
중생계에

말씀의 말씀으로 전한
백운화상의 불심계

둘째 갈피

직지 금속활자본

직지 금속활자본 1

1377년 7월
청주 흥덕사 간행으로

상·하 두 권임에도
윗권은 분실로 전해 오지 않고

지금 볼 수 있는 것은
하권 1책자에 38장

그것도 온전치 않게
첫 장이 떨어져 나간 생채기

프랑스 국립도서관
동양문헌실 금고 깊이 감춰져

해년 날로 더해 가는
직지의 앓음 앓음살이

언제쯤에나
조국으로 돌아올지 모를 일이다.

직지 금속활자본 2

직지 하권은 판식이
사주 단변

반엽의 행자 수는
11행에 18~20자로

다섯 자리 구멍을 뚫어
붉은 실로 맨 선장본

지질은 전통 장한지로
찍힌 활자본에

오래 보관할 수 있도록
애쓴 서책의 형태

겉장은 들기름
안장의 배접

표지는 능화판
문양으로 봐져

고려 중기 말쯤에
창호 백지로 추정되어라.

직지 금속활자본 3

본문 항렬이 바르지 않아
비뚤어지게 비스듬하고

인출된 지면에서
묵색의 농도는

여러 곳에서 짙게 엷음이 심해
점점으로 반점이 많아라

일(日) 자와
일(一)의 글자는

거꾸로 식자됨이 있고
군데군데 탈락된 곳

동일 장에서
안보였던 글자가

다음 장 지면에서
사용되고 있으며

글자의 획에
너덜이 티가 많아 인식이 어려워라.

직지 금속본 필사

직지의 필사본은
흥덕사 본과

취암사 본
각각 일 본씩

금속활자본의 필사는
흥덕사 간행

직지 하권에
내용을 그대로 쓴 것

판식은 사주 단변
계선은 없이

반엽 행자 수는
9행에 18~19자 형식

책장 끝 안장엔
인쇄한 연월일 간기

필사는 송노암
그 시대에 유통되어 반가에서 읽힘이라.

직지 목판본 1

1378년 6월
여주 취암사에서

법린의 주재 아래
세 번째 문화가 시작됨이라

현재 국립중앙도서관
한국학 중앙연구원 장서각

전남 영광 불갑사에
귀중한 소장본은

서문이 없는 상태로
지금까지 전해져

목판본을 간행하면서
머리말이 있었다면

어느 누구가
어떤 말을 기록했나 알고 싶음이 의문

직지 목판본 2

직지 목판본
상하권이 중요히 여김은

분실된 상권
프랑스에 보관된 하권

사람들의 이별보다
더 기구한 헤어짐이랴

여기에
금속활자본에 탈자 많고

묵색이 또렷지 않아
알아보기 어려운 상태로

체제나 내용의 해석이
목판본으로 가능해 더 중요함이로다.

직지 목판본 3

판식은 사주 단변
반광은 16.7~12.4㎝
반엽 행자 수는 11행

판심의 어미는
상·하 향흑이며
판심제는 심요

책의 크기는 서로 다른
장서각 소장본은
2권 1책의 선장본

머리에 목차
수록된 조사에 표시 없어
뉘인지 알 수 없으나

이색과 성사달의 서문에
상권과 하권에
본문이 수록되었어라.

직지 목판본 4

권말엔
백운화상이 쓴 발문

그 다음 줄에
간행 연월일의 간기

글씨를 쓴
사람은 친선

글씨를 목판에 새긴 자는
종탁, 신명, 참여

그 외에
묘연, 조연, 묘덕

끝엔
여주 취암사라고

목판으로 간행한
장소가 기록되었어라.

직지 목판본 필사

취암사 간행 직지를
목판본 그대로 필사

광곽이 없으며
반엽 행자 수는 12행 25자

성사달의 서문에
상권 하권이 필사본

백운화상의
발문은 없으며

복주현
사대사상당 4장이 수록으로

금속본에서
목판본에서

잘 보이지 않은
글자 대조에 큰 도움

목판본 필사는
고려 후기 말쯤으로 추정

셋째 갈피

직지의 돛폭에 안겨 든 바람

직지의 돛폭에 안겨 든 바람 1

팔만대장경
외규장각에서

강화만 뱃길 나선 지
며칠도 아닌 수십여 일 만에

프랑스 국립도서관
너른 광장 앞까지 왔노라

도서관 정문 앞을
다리 아프도록 맴돌다가

나폴레옹 병사들이
이집트, 그리스에서

금박문자와
오벨리스크 탑

다른 유물을
바리바리 싣고 오는

마차 군단과 군선
그 끝없는 군열을 본다.

직지의 돛폭에 안겨 든 바람 2

조선 강화부 무력 침공해 온
중국 천진에 주둔해 있던

프랑스 극동 함대
강화 뭍에 올라

외규장각
여러 장서본

세계의 눈이 주목한
수많은 의궤 책자

고려, 조선의 선명한
지고지순 역사의 기록일진대

우격다짐으로 빼앗아 가
국립도서관 어디에 숨겼는지

이실직고
석고대죄로 아뢰렷다.

직지의 돛폭에 안겨 든 바람 3

약탈이런가
선인들이 조아려 바친

고려, 조선의
문화재이랴

마음에 되물으며
세계 최초 금속활자로

지구촌 문화재 유산 1호인
직지 하권을 찾아오고자

파리 자유광장 가운데 서서
시인의 목에서 피가 넘친 외침

프랑스는
이내 끝 대답이 없고

타국 찬 빗발은 으슬으슬
이방인을 한기로 떨리게 한다.

직지의 돛폭에 안겨 든 바람 4
– 상형문자 기념탑 앞에서

유럽 전역을
황사 먼지 일으키며 달린

나폴레옹의
수없는 말발굽 소리

총칼의 무자비로 억누른
여러 나라 여러 민족

상형 금박문자는
보란듯이 공개하면서도

유독 직지만
어둔 지하 창고에 숨기며

고려 금속활자만
모본, 모형도 공개하지 못함은

감히
가늠자로 잴 수 없는

하늘 아래에서
유일한 세보이기 때문이리라.

직지의 돛폭에 안겨 든 바람 5
– 오벨리스크 방첨탑 앞에서

태양을 숭배했던
고대 이집트 사람들

여러 물체의 형상을
본떠 만든 상형문자

위쪽이 점점 가늘어진
네모진 거대한 돌기둥

끝부분은 피라밋 모양인
오벨리스크 상형탑으로

국립도서관 광장에
우뚝 세워진 기념비

그 형상문자는 공개하면서
고려 금속활자 직지를

세계 최초 주물 활자본으로
만방에 내보이지 않음에 대답할지어다.

직지의 돛폭에 안겨 든 바람 6
– 피켓 일인 시위

그제 어제에 이어
오늘도 국립도서관 정문에서

"세계 최초 금속활자본 직지는
세계 문화유산 제1호로
고려, 조선의 한국으로 반환하라"

크지도 않은 작은 종이 피켓에
이 글을 써 들고 있다가

비는 개이고 계절은 바꿔
송이송이 눈이 내린다

눈은 종이 피켓에서 녹아 번져
잘 보이지 않은 글자

대한민국으로
반환 청구 당당히 알림에도

끝내 일인의 시인은
집회 위반 시위자로

프랑스 정부로부터
강제추방을 당했노라.

직지의 돛폭에 안겨 든 바람 7

그렇다면,
몇 년 몇 십여 년을

뺄셈 없이
덧셈, 곱셈을 해야

병인양요 설움이 가시도록
나폴레옹 3세 휘하

극동 함장 로즈가
첫자리 갑곶부로 옮기겠끔

고래 심줄을
시위에 걸어 당겨 볼거나

활시위가 약하면
대포 알에 휘감아

강화만에서
프랑스로 발사해

한국이 부른 호명에
분명 대답게 하여라.

직지의 돛폭에 안겨 든 바람 8
- 대원군의 쇄국정책

고려 청자
이조 백자

끼르륵…
까르륵…

울음마저 하양하여
학의 노래는 더 하얗다

큰 뿌리에
굵은 가지 잔가지로

질겨 잇대 내린
대한민국 코리아에게

묻고 되물어 본 소리일지니
지금도 잔존된 쇄국양이 정책은

옛 대원군 곰방대 통에서
완전히 끝날로 사글게 하여라.

직지의 돛폭에 안겨 든 바람 9
– 대원군의 쇄국정책

그간 대원군 그늘
한 줌에 꼼짝없이 쥐어

세계 타국과는
암초, 해초로 묵정 뱃길

이젠
평화, 번영, 도약으로

열린 외교 시대임에
서로 침공 아닌 화해와 신뢰로

극동 함대 로즈가
강화 바다에 띄우도록

대한민국은 기다리지 말고
외교로 행동하여라

프랑스 국립도서관은
직지, 나에게 있어

온갖 도서와 자료를 볼 수 있는
도서관이 아닌 감금자렷다.

직지의 돛폭에 안겨 든 바람 10
– 무려 152년째이니…

나라 안 타향살이도 아닌
머언 타국살이

올해로 무려
152년째

고려, 조선, 한국의 맛은
매콤, 짭쪼름, 새콤한 초맛일진대

여기선
살코기, 싱거운 소스로

노린내 배인 몸
날로 야위어 감을

겉장 속장에 흠뻑 먹인
들기름 절임으로 겨우 견디어라

선잠결에도
꿈길로 열리던 강화부 갑곶

다시 문화를 세계로 미래로 내보낼
강화로 가고 가고 싶은 안간힘

더 어둡고 깊은 금고에 감금되어
내 조국에 알린 이 소리 들린가.

직지의 돛폭에 안겨 든 바람 11
– 세계가 공유해야 할 문화재

문화의 불꽃을 지핀
고려인의 기찬 도전정신

직지는
금속활자로 그침이 아닌

중요 문화자본
중요 표현매체

예술적인 미의 표출
공유화의 쓸모로

직지는
세계 문명사적으로

인류 문명에 이바지한
창조적인 인쇄지식 전달의 선구

고려인들의 묻힌 역량이
표출된 보배로운 보재였다.

직지의 돛폭에 안겨 든 바람 12

초록불조
직지심체요절

여기 청주목
흥덕사에서

태양의 우주 천체로
발신하는 직지의 통신 전파

대한민국과
인류와의 대화 소통에

미리내 찬란한 은빛 조명 아래
쌍쌍을 이룬 천사들의 춤사위

이 땅의 문화
하늘의 축복

지구촌에서도
천체에서도

최초 금속활자 기록 문화로
시간을 초월한

풍요의 미래로
직지는 영원하여라.

넷째 갈피

청동 쇠북을 울려라

흥덕사지에서 1

불길이 바람과 휩쓸었어도
한 시대로

흙속에 묻혔던
청동 금구*

둥근 쇠북
양면과 양각

당초문*
연화문*

융기선을 좌우로 그리고
명문이 양각된 측면

"갑인 오월
일서부
흥덕사 금구일 좌"

흥덕사지에서
청동 쇠북을 울려라.

*금구 청동 쇠북. 길이 36㎝, 측면너비 11㎝, 954년 제작 추정
*당초문 덩굴풀이 비꼬여 뻗은 모양을 그린 것
*연화문 연의 잎과 꽃을 그린 그림

흥덕사지에서 2

"황통 10년
 흥덕사"

큰 그릇
불발*로 볼진대

권하 끝장에 쓰인
"백운화상 초록불조 직지심체요절"
"청주목 외
흥덕사"
"흥덕사
금구일 좌"

위 명구로 봐
641년 전에

용광로에 녹인 쇳물로
활자를 주조했던

예전 절터임이
700여 년이 되어 확인되어라.

*불발 큰 그릇 뚜껑

흥덕사지에서 3

흥덕사는
첫 인쇄술 시발의 중흥지

직지로 시작해
"자비도량 참법집해"를 간행

세계 최초로
무쇠 활자 발상지

한세월 묻혔다가
역사의 빛무리로 탄생하나니

겉장을 넘김에
손가락 끝에 묻어난 들기름

고려의 후예답게
문화민족 자긍심으로

기압의 변화로 인 바람이
애써 일깬 날로 살라 하네.

흥덕사지에서 4

직지가
어찌 쓰여 편집되었고

어떻게 하여
누구 뉘에 의해

세계 최초로
주물에 의하여 찍혀

어떤 문화적으로
인류에 끼친 값어치가 있는가

전연 몰라본게
선진 예술의 프랑스인가

애시당초엔 균류 포자가 번식한
습기 찬 지하 창고에 버려진 종잇장

늦게야 진가를 알고
금이야 옥이야 두 손으로 우대어

눅눅한 지하 창고에서
지상 금고로 옮겨짐에

메스꺼운 노린내 씻고

쉬이 돌아올 길이 아닐진대

그날 얼마나 멀어지고 있는가
고려의 후예로 알고 싶어라.

흥덕사지에서 5

직지의 주물 활자는
백의민족에 위상으로

너른 고사의 모습은 없어도
흥덕의 얼굴은 직지이어라

세계 최고의 최초
무쇠 글자 주조본

직지를 간행함에
기록 유산으로 등재

직지의 요람
청주의 산사

세계의 금속활자로
인쇄술의 역사는 시작

영원으로 직결돼
지상의 문화로 빛가람

흥덕사지에서 6

어느 연대에
어떤 까닭 있었기에

뉘 앞서 창건했는지
그 기록을 모른 산문

불꽃이 활활 소지로
하늘에 올린 탓이리라

금당, 석탑, 회랑지
강당지, 주춧돌이

풀밭 사이사이 노출돼 보인
흥덕사지 절간 터

큰 주추마다 아름드리
금강송으로 세워진 기둥들 헤아려 본다.

흥덕사지에서 7

기둥마다 잇대도록
큰 들보가 걸리고

도리, 마룻대에
서까래 곧게 뻗쳐

검은 토기와로
줄잡아 이어진 지붕

용마루 두 끝에
웅장히 솟아 있을 치미*

남풍이 사르르
대웅전 연화문을 연

그리 큰 흥덕사를
풀밭에 그려 보아라.

*치미 용머리 양끝에 세운 소뿔 모양의 치장

흥덕사지에서 8

화마로 옛 그림자도 없이
스산해 황폐한 절터

스쳐가는 바람이
그윽이 달램에

우암산 봉에 걸린
풍경 소리

양병산에 울린
목탁 소리

서녘에 노을로 지는
해거름녘

한밤을 밀치고
새벽을 열

먼동이 틀 무렵
기다린 아침

별이 내린 윤슬에
영롱히 젖어 사지는 고요다.

흥덕사지에서 9

주물을 이용해
제작된 활자

직지를 인쇄했음은
문화 역사가 태동된 곳

그 사적을 만나 보고자
사지 뜰 가운데쯤에 서서

푸른 잔디뿐인 일대를
눈길은 더듬이 촉각

풀밭에 놓인
상·하권의 직지

장장의 갈피
맨 뒷장까지

미풍이 넘겨주기에
느슨히 읽어 본다.

흥덕사지에서 10

서둘 일이 있는지
백운화상

대웅보전 문턱 넘어서
일일이 호명함에

버선발로 나와
읍신하는 승려들

석찬, 달잠, 묘석, 묘연
묘성, 영조, 성공, 계생

각자 돌아간 자리에서
임무를 해낸 자세

가늠질하는 손놀림과
의지에 찬 얼굴들

직지 다음 잇대어
다른 인출(印出)에 들어가나 보다.

흥덕사지에서 11

글자본을 설정한
판형 틀

밀랍 판형*에
자본 붙이기

어미자* 만들기
주형 만들기

청동을 녹인
쇳물 붓기

활자 다듬기에 이어
인판 틀에 조판 짜기

끝으로 눈여겨
오자와 탈자가 있는지 살펴라.

---

*밀랍 판형 밀랍으로 짠 인쇄 틀
*어미자 아들자에 대하여 고정된 글자

흥덕사지에서 12

인출에 들기 위해
짜인 활자면 위에

고루 칠하는 붓솔
유연 먹물이 짙다

평면 진 목판에
반듯이 펼친 창호 백지

인판 틀 뒤집어 들며
백지 위에 살며시 놓고

고루 힘 실어 눌렸다
흔들림 없이 인판을 드니

창호 백지에 찍힌
검은빛 글자가 또렷하다.

홍덕사지에서 13

비인 사지 터
서녘 한 켠에

붉은 열매 달고
호올로 선 호랑가시나무

중생을 기다림인지
새들을 부름인지

가까이 가 보니
아직 터짐 없이 온전하다

그대로 두어라
서리가 더 내리면

새들 지친 날개 접어
달콤한 먹이 된 날

지저귈 화음 노래
빈 사지에 끊이지 않으리라.

다섯째 갈피

대한민국의 딸 박병선

지하실에서 직지의 재발견 1

프랑스 공사 콜랭드 프랑시
서기관 모리스 쿠랑에 의해

서책이 수집된 때에
강제성 여부가 의문

다른 고서와 의궤
듣기 좋은 말로 기증은

강제적 **빼앗음**을 위장시킨
병인양요 침략

고려 역사를 읽어봄에
그 후예들은 알고 있으나

상권 하권의 행방은
죄다 안개 속에 묘연

중국 고서와 섞인 채 버린 듯
지하실에 그냥 둔 것은 가소로워라.

지하실에서 직지의 재발견 2

역사학자 이병도 박사
역사학도 박병선 박사

프랑스 유학길에 오를 때
병인양요 때 극동 함대

사령관 로즈 제독이
강화 규장각에서 약탈해 간

고려 직지를
조선 의궤를

힘이 뻗친 곳까지
찾아보란 스승의 부탁은

한 여성의 역사학도
가슴에 화인되어라.

지하실에서 직지의 재발견 3

중국 상고사와
한국 상근대사를

열심히 연구하는
동양 여성을 눈여겨본

국립도서관 한 관계자
사서직으로 일할 자리를 제안

박병선 박사는
지하실에 무더기로 쌓인

중국 문헌을 헤쳐 내
한 권씩 체크하며

시대와 문물별로 가려 정리하는
일이 맡겨진 고된 작업

지하실에서 직지의 재발견 4

일 년 가까이 정리해 가던 중
거의 마무리 단계인 즈음

중국 송대의 주희가
집대성한 주자학 책자

유교의 경전으로 여긴
6경 고서에 섞여 있는

한 권의 서책이
들기름에 젖어

온전한 겉장에
쓰인 글자는

한눈에 익어 보인
모필로 쓰인 두 자

지하실에서 직지의 재발견 5

눈을 휩뜨고 다시 봐도
직지란 두 글자

손가락으로 매만져 봐도
직지(直指)가 분명하다

박사는
중국 고서는 제쳐놓고

기운이 오른 손가락 끝으로
갈피를 펼쳐 든 순간

손뿐만 아니라
발끝에서 머리카락 끝까지

찌릿찌릿 감전사되어
몸이 굳어가고 있었다.

지하실에서 직지의 재발견 6

다시 표지장을 넘기니
백운화상 초록불조 직지심체요절이

확연하고
38장인 속장마다

기인 세월
어떤 환경에서도

오래 오랫동안
견뎌 내도록 기름 배접

뒷장 안엔
1377년 청주 흥덕사 인출

이 간기를
한두 번 읽음으론 믿기지 않아

되풀이 계속 봐도
분명코 직지렷다.

지하실에서 직지의 재발견 7

구한말 중기
프랑스 공사관

콜랭드 프랑시 공사
모리스 쿠랑 서기관은

직지가
무슨 서책자인지 알아보고

강화 침공 때 약탈이 아니면
어느 경로를 거쳐 수집되었을까?

간기가 적힌 뒷장 위쪽에
쿠랑의 메모 글

"조선에서 가장 오래된
주조활자 인쇄본"

세계 최초가 아닌
조선에서 오래된 걸로 여겼을 뿐이다.

지하실에서 직지의 재발견 8

1955년 1월
스승으로부터 받았던 부탁

1978년 9월에야 발견은
기필 찾고자 결심한 23년의 세음

박 박사는
직지가 인출된 지

601년 여섯 자락 시대의 세월
고려, 조선의 후예인

한국 사람으론
첫인사를 나눈

역사적인
직지와의 만남은

한 여인의 기쁨에 그침이 아닌
고려, 조선, 한국에서

온누리에 발사하는
영묘한 빛살이어라.

지하실에서 직지의 재발견 9

한국인은 한 사람뿐인
유럽 프랑스에서

그것도 밝은
지상층도 아닌

어둡고 눅눅한
파리 국립도서관

지하실 서고에서
와락 껴안은 직지 하권

한나절, 하루가 아닌
날로 더해 간 희열로

벅차 오른 흐느낌
뜨건 눈물로

코리아의 순결한 여인의 체온이
싸늘해진 직지를 뎁히고 있었다.

지하실에서 직지의 재발견 10

역사학도에서
한국사 서지학자

박병선 박사는
세계 최초로 주조된

금속활자 진본임을 알리려 하나
이미 독일 구텐베르크 인쇄가

맨 처음으로 기록된 터라
외국 학자들은 다 같이

허튼소리라고
일언지하에 일축

이에 한국의 딸은
직지가 최초란 연구를 거듭해

하나에서 시작해
십여 가지까지

그 증거와 증명을
날로 더해 갔어라.

증빙자료 연구 1

금속활자는
한 권의 책자에서

(1)* 같은 글자가
여러 번 나올 수가 있어도

(2) 나무로 새긴 목판본은
똑같은 글자가 없다.

*(1)~(10) 증빙자료 순번

증빙자료 연구 2

　　글자의 행간에 있어
(3) 비뚤어질 수 있는 금속활자

(4) 역시 목판본은
　　반듯함이 특징

　　목판본은
　　칼끝으로 새긴

(5) 나뭇결의 자국이
　　선명히 나타난다.

증빙자료 연구 3

　　금속활자는
　　금속의 찌꺼기인

(6) 너덜거린 너덜이
　　그 흔적이 있으나

(7) 수많은 목판본에선
　　전연 찾아볼 수가 없다.

증빙자료 연구 4

　　글자를 이룬 획은
　　사용 횟수에 따라

(8) 금속활자본은
　　그 획이 점차 가늘어진다

(9) 또 금속활자본은
　　인쇄 상태가

(10) 목판보다
　　　짙지 않고 흐려짐이 특징

세계로의 공식 공포

대한민국의 여인은
고려가 주물활자

세계 최초로
직지란 서책을 인출했음을

유네스코가 정한
"책의 해"에

한국의
국립도서관은

옛 고서를 수집해
책이란 특별 전시회

대한의 딸 강연회로
고려 직지가 세계 최초인

금속활자로
인쇄본임을

지구촌 온누리에
공식적으로 공포하여라.

세계 최초로의 공식 인정

이에
프랑스 국립도서관은

현실로 입증된 사실을
실제로 확신됨에

일세기 반을 넘겨서야
지하실 창고에서 꺼내어

비로소 제일의
귀중본으로 선별

동양문헌실에
문이 겹겹인

큰 금고 안으로
깊이 굳게 가둠에

직지 하권이
조국으로 돌아올 길은

더욱더
멀리 아득함이 아니런가.

여섯째 갈피

유네스코 등재

유네스코로 간 금속활자본 직지 1

2001년에야
세계문화유산으로

세계 금속활자 최초인
제1호로 등재

이날이 오기까지
한 여인의 공헌

박 박사가
발견한 시점에서

23년의 세월이란 단위를
더 보태야 했어라.

유네스코로 간 금속활자본 직지 2

지하 창고에
고서 더미 속에 묻힌

스승의 말씀대로 혼신을 다해
나라 겨레 앞에

까마득한 행방을 알린
직지 하권

세계 금속활자는
고려인이 분명 처음인지라

고려, 조선, 한국의 영광과
그 여인께도 축복이 있을지어다.

유네스코로 간 금속활자본 직지 3

쇳물 활자
인쇄 기술은

한반도 윗녘
압록강을 건너

중국 북경에서
사막 넘어 실크로드 따라

유럽까지 건너가
구텐베르크란 사람이

금속활자 원리를 연구
그 이론과 실제를 터득해

독일식으로 응용한 금속활자가
오늘의 구텐베르크

유네스코로 간 금속활자본 직지 4

다른 나라
다른 민족들이 생각지도 못함을

먼저 상상으로 그린 그림
연구를 거듭해 발명했어도

불교, 왕실과
귀족 사회로 제한되고

백성들이 거의 뜻글을 모른
까막눈이기 때문에

사용 보급이 안되어
한반도 지역에서

문화적 꽃을
찬란히 피우지 못했어라.

유네스코로 간 금속활자본 직지 5

우리글과
우리말이 없던 세상

한문 오천만 자인
팔만대장경

2억 4천만 자로 방대한
승정원 일기

조선왕조실록에
색채가 선명한 의궤

금속활자 만든 손끝
코리아의 광영

작게는
개인의 재발견이요

더 크게는
인류 사회의 문화적 혁신이다.

유네스코로 간 금속활자본 직지 6

세계 언론들은
지난 천 년, 이천 년 동안

가장 주목할
업적 일로 발표한

독일 구텐베르크
금속활자보다

고려국이 앞선
주물활자로

바로 정정해
연일 보도함에

60억의 사람 사람이
코리아 코리안 하드라.

유네스코로 간 금속활자본 직지 7

프랑스
국립도서관에 의해

동양문헌실에
특별 격리 보관 중인

불조 직지심체요절과
고려, 조선의 의궤

여행길에 보여줄 것을
저자세로 간청해도

모른다로 거절하는
도서관 관계자들

그 무슨 이유인지
겉 아닌 속뜻을 말해 보렴.

유네스코로 간 금속활자본 직지 8

몇 년인가
몇 권의 의궤를

어찌해
잠시 보여준 눈요기

속이 시원스레이
돌려주지 않음은

그냥 주긴 아까워하는
계산된 숫자 놀림인가

돈과 거래할 양이면
확연한 액면을 말하라

금전 몇 냥이
우선은 사탕일런지 모르나

연미복 입은 신사의 나라
예술을 사랑하는 나라가 아닌

약탈자란
멍에는 더 무거우리….

유네스코로 간 금속활자본 직지 9

대한민국의 딸
박병선 여인이

프랑스
국립도서관 사서직으로 일하며

날마다 입으로 머리로 되뇌인
직지의 뒷장에 간기

백운화상 초록불조 직지심체요절 권 하(下)
선광 7년 정사 7월 일
청주목 외 흥덕사 수자 인시

연화문인
석찬
달잠
시주 비구니
묘덕

금속활자 만들기 1

먼저 글자를 만들
쇠붙이 종류

물렁거린 납
녹에 산화가 잘된 무쇠

청색을 띤 은백
아연이 들어간 놋쇠를

가려내고 있는
석찬*

지핀 참숯불 위에 얹는
흙과 흑연을 고아 만든 우묵한 도가니

열이 내리지 않도록
풀무질이 바쁜 계생*

---

*석찬, 계생, 영조, 묘성, 묘연, 묘석, 달잠, 석잠, 성공
흥덕사 금속활자 제조에 참여했던 스님들

금속활자 만들기 2

쇳물을 부어 낸
숙련된 기술 과정

해감 모래 거푸집으로
고운 펄모래를 이용

활자 어미자를 새기는 묘연*
부어 낸 찰흙 거푸집

빚어낸 흙에
곧게 줄을 긋고 있는 묘석*

글자 면이 아닌 등 면에
구슬 같은 나무 끝으로

동그랗게 찍던 달잠*이
볕에 반쯤 말리고 있다.

금속활자 만들기 3

말린 등 면 위에 글자를 새겨
흙 활자를 매끄럽게 문지른 성공*

편평한 보기자에
밀랍을 고르게 바른 다음

고운 모래펄로
거푸집을 짓는 영조*

평면으로 한 후로
보기자에 사이를 떼어 맞춘 줄

맞뚫린 북(鼓) 형태로
손질하는 묘성*

넓은 쪽 거푸집을
아래로 대고 씌워

그 속 면에 모래를 다져
모래에 글자가 박히면 뒤집는 묘연*

금속활자 만들기 4

양편의 거푸집을
서로 맞대 씌워

다진 모래펄을
북의 모습으로 만든 묘성*

잠시 후
이편 저쪽 거푸집을 떼고

홈길을 만들기 위해
가지쇠와 보기자를 가린 석찬*

오목한 모양으로
보기자 틀이 생기면

다시 맞춰 댄
거푸집을 고정시킨 계생*

금속활자 만들기 5

높은 열에 끓고 있는
쇳물을 국자로 떠내

거푸집 안에
순식간 부은 붉은 쇳물

굳어진 쇳물이 글자가 되어
매달려 나오고 있는 활자

찰흙판에
어미자를 또 새긴 석찬*

여기에
어미자마다 넘치게 부어진 쇳물

이리 만들어진 게
찰흙 왼쪽 거푸집이라

하나하나씩 납득게
설명하는 석잠*

금속활자 만들기 6

글자 모형대로
틀판 짜기

활자 면이 고르게
잘 찍히도록

글자 면이 얇게
경상 다리 같이

이어지게 부어
활자를 제조한 기술은

쇳물에 양이 덜 들고
글자 형태대로 잘 부어져

판을 짠 데
흔들림 없이 고정됨이 특징

금속활자 만들기 7

글자에 본은
중국 한자 체로

고구려 글씨본을
그대로 따온 것

형서체
필서체

해서체
인쇄체

고려 중기 후기로 들어서
차차 작아진 활자는

더 또렷이 찍혀
활자인쇄 문화를 한결 높였어라.

금속활자 만들기 8

일본의 활자 인쇄는
고려, 조선의 기술에 의존

목판글자
주각으로부터

금속활자
주조하기까지

처음에서 끝까지
고려와 조선이 선도

140여 년 전에
일본에 들어온

독일 구텐베르크
인쇄 기술 문화

일곱째 갈피

고려 때 활자 하나

금속활자 만들기 9

나무에 새긴 목판
새로운 금속활자는

세계 최초 활자라도
일본 강점기에

자유와 빈약한 경제로
더 발전되지 못한 문화

그럼에도
고려, 조선, 한국의

기록문, 문집은
거의 목판본으로 찍혀

계급 사회로만 보급됨이
문화 발전을 저지시킨 원인

금속활자 만들기 10

고려 주자 인쇄에 대해
부정적인 시각을

긍정적인 방향으로
학문적 문화로 되기까지

조선의 인쇄사는
임진왜란을 기준

전기 후기로 구분한
전기는 1기, 후긴 2기로 세분

목판, 복각본*
목글자본, 금속활자본

사각판, 방각판*, 도활자
바가지활자, 금속 주조술이

조선의 인쇄사로
정리됨이 보여라.

*복각본 원형을 모방하여 다시 판각하는 것
*방각판 본새를 그대로 새김

금속활자 만들기 11

동활자
철활자
연활자
이를 일컬어 주자활자라 하여라

동활자는
놋쇠 글자로

가장 많이 만들어
널리 사용되어 왔고

합금의 성분은
구리, 아연, 주석, 철, 납

활자 활자마다
같지 않은 구성 비율

나라의 관서와
민간에서 주조한 것

금속활자 만들기 12

삼국사기에 이어
김부식이 저술한

영통사대 각국 사비명에
기록된 연참(鉛槧)*

연판 연활자판
금속활자판을

고려의 교장본을
금속활자본으로 근거

연참은 이익
성호사설에서

문장의 오류를
바로잡은 판각

고려 교장본이 목판본임에
틀린 주장으로 판정

***연참** 홍덕사 금속활자 제조에 참여했던 스님

금속활자 만들기 13

1102년 기원설은
동철을 녹인 고주법

엽전을 주조하여
재신, 문인, 무인, 양반들에게

나누어 준 바 있는
고주법 금속활자

주조술로 여김에서
빚어진 오류

그것은
고(鼓)란 글자를

북고로
주물틀인 거푸집을

북마냥 만들어
쇳물을 부어 낸 과정

금속활자 만들기 14

고주법*은
중국 한에서 있었던 일

여순(如淳)이 기록에 적기를
불을 붙여 일으킨 도가니에

풀무질을 하여
쇳덩이를 녹인 것 뿐이지

거푸집에
주물을 부어 낸

금속활자를 만든
기술과정을 주해함으로

일찍 고주법은
삼국시대에서도 이용됨이라.

*고주법 옛 주석을 녹인 방법

금속활자 1

연인 납은
청백색 무른 금속으로

동, 무쇠 중에서
가장 무거운 금속

불기에 금시 녹음 같이
그 무름이 적합지 않아

주자가 뭉그러짐이
동과 구리와 같은 바탕

무쇠인 철에 동을 섞어 녹이니
불에 가장 강함으로

만들어진 글자가
납, 구리보다 오래 사용됨이 특성

금속활자 2

1234년
고려 고종 21년

주자서* 사인
권신과 최이

그 이후로
최윤의에 의해

고금상정예문(古今詳定禮文)
50권 28부 인출이

기록상으론
세계 최초의 일

우리 스스로 자랑하지 않아도
지구촌이 인정하는

금속활자론
세계 제1호 문화유산

*주자서 활자를 만든 곳

금속활자 3

독일 사람
구텐베르크(Gutenberg)

금속활자를 만든
1450년보다

80년이나
무려 앞선 일이

한낱 이설로 떠돌았으나
프랑스 국립도서관에서

직지심체요절 하권이 발견돼
고려가 세계적으로

처음 금속활자를 만들어
널리 사용했음이 증명

그 증거로 확인되기까지
박병선 박사 연구자료가 첨부되어라.

금속활자 만들기 15

금속활자 인쇄술은
높은 열량에 녹인

쇳물을 부어 낸
네모 기둥 모양인

볼록한 부분에
새긴 금속글자

주조술에 의한 이룸으로
틀 안에 고정시켜

점착성인 물질로
글자에 잘 묻는 기름 먹물

이 세 가지가 갖춰져야
창지에 찍혀 서책자로 됨이다.

고려 때 활자 하나 1

고려의 활자로
현존된 글자 하나

개경에 있던
어느 무덤에서 출토된

복(複)이란
하나의 활자는

국립중앙박물관에
귀중한 보물로 보관 전시

활자 꼴이 가지런지 않고
고르지 않은 글자 획

네 변의 길이가
다르게 난 차이

밀랍 주조법에 의한 특징이
고려 금속활자 발명의 시작

고려 때 활자 하나 2

활자는 뒷면이
옴폭 파인 타원형

그곳에 밀랍을
가득 채워 굳으면

인쇄 도중 움직이지 않아
줄어 든 동의 소비량

금속활자 주조
조판 기술사 연구에

실물 자료로
매우 중요한

하나 남아 있는
고려 복이란 글자

고려에서 유럽까지 1

고려에서 만들어 낸
금속활자는

원나라인 중국에서
아라비아

독일, 네덜란드
영국, 프랑스까지 준 영향

400여 년 전
임진왜란 때

일본에 발을 붙인
게이초판(慶長板)

고려국은
분명 금속활자의 발상지

고려에서 유럽까지 2

최지혁이 쓴
한글 궁체

그 글자본으로
프랑스 리델 신부가

일본 요코하마에서 만든
납활자로 찍어 낸

한불자전(韓佛字典)
한어문전(韓語文典)

펴낸 천주성교 공과와
한불조약 체결 뒤엔

조선으로 옮긴 납활자로
천주교 성경을 발간

여덟째 갈피

절대 행위

대한민국에 고하는 직지의 말씀 1

고려, 조선, 한국은
내 나라인 조국으로

기필, 어김없이
돌아가고 싶은 모국이렷다

무려 160여 년이어도
가야 할 귀국길에

아직도 모자란
시간의 세월이 있는가

밤낮 가림없이
우짖다 피를 넘긴 소쩍이 전설

이젠
더 버틸 기력조차 없노라.

대한민국에 고하는 직지의 말씀 2

여긴
프랑스

국립도서관이 아닌
국립형무소로

앞도 안보이게
쇠창살이 촘촘히 박힌 감옥

대한민국은
언제쯤에나

시체가 되어 가는 주검
그 고통스런 아픔에서

구출해 줄 것인가
묻고 물어도 대답이 없노라.

빼앗긴 자의 후예로 1
- 프랑스에 가면은

여보세요
프랑스에 가시면 말씀입니다

우리가 분명코
고려, 조선, 한국의 배달민족이라면

밤 네온 화려하게
치솟은 에펠탑보단

세느강변 행위 예술보다
커피가 갈색으로 짙은 카페

이곳 대중들이 즐겨 부른 가요
사랑의 샹송보다

당신께서
먼저 가 보실 곳은

외국이라 잘 모르시면
묻고 물어서라도

프랑스 국립도서관
동양문헌실에

아무도 모르게 숨겨 둔
겹겹으로 된 큰 금고 앞입니다.

빼앗긴 자의 후예로 2

콩코르드 광장에서
구석으로 쫓긴 한 켠에

조금 젖어 흔적도 없는
시인의 눈물과

나날 쌓여 높이를 더해 간
모듬가리 기인 한숨에

당신의 뜨건 눈물
여기에 한 방울이라도 보태어 주십시오

한두 방울이 모아져
여울목에서 소용돌이치면

좁다란 세느강에
홍수경보

쇳소리로 울릴 날은
오늘이 아니면 내일겝니다.

빼앗긴 자의 후예로 3

당신과 내가
직지의 주인이란 주장에 이의가 있다고

파리경찰청에서
출동한 경찰이 왔을 땐

당신도 나처럼
위풍당당히 물어보십시오

여기가 어딘가?
예술의 나라런가?

강탈자로
용서를 빌 프랑스

고려와 조선의 문화
한국으로 돌려줄 의무자요

전승해 보관할 국가는
프랑스가 아닌

코리아 한국이라고
목청껏 외쳐 주시기 바랍니다.

직지와 의궤의 대모 1

버릴 것, 보관할 도서목록을
분류하는 단계 작업으로

베르사유 지하 창고에
100년이 넘게 버려둔 채 있던

동양 여러 서지와
제도, 문물을 기록한 의궤들

조선 어람용 297권
직지에 뒤이어 발견된 의궤

강탈된 사실을 알린
서책 제1권 겉장에 기록된

"조선을 침노한 프랑스
병인양요 강화도"

직지와 의궤의 대모 2

빼앗겨 잊고 잃어버린
나라의 역사를 찾기로

먼 이국 길 나섰던
곱디 고왔던 처녀가

한 세월에 노학자가 되어
바쁨을 의식했을까

프랑스에 있는 문화재
제2권 도록을 집필 중에

마저 못다 씀이
그 얼마나 한스러웠기에

책상 앞 의자에 앉아
붓을 든 채로 영면했으랴

이 겨레의 딸
서지학자 박병선 박사

직지와 의궤의 대모 3

서지학자로 걸어온
한 생애에 한 여인

직지와 의궤의 대모는
하늘로 승천하시어라

고려와 조선의 문화를
오롯이 이불로 덮으시고

연구에 고단했던 심신을
편안히 안식하고 계심을 본다.

직지와 의궤의 대모 4

대원군 천주교 탄압에
프랑스 함대가 침범한

강화도에서 겁략해 갔던
병인양요 때 의궤

습기 찬 지하 창고에서 발견
되돌아올 징검돌을 놓았던

박병선 여인
당신이 진정으로

우리나라
정신과 역사를 지켜

활활 타올라 뜨거운
혼불의 얼이었습니다.

흥덕사지 유물 앞에서 1

주초 2단으로
양각된 원형 주초 위에

청동 금구가
걸린 쇠북

치석된
화강석 기단 석렬

적심석*에
석비례층으로 강당지

어골문이 새겨진
평기왓장 와편에

계향사지로 쓰인
도렷한 명문

그날의 사찰 문화를
침묵으로 보여 준 흥덕사지

*적심석 축석 안에 심을 박아 쌓아 올린 돌

흥덕사지 유물 앞에서 2

바람에 나부낀
천인상

석경* 판편에
천의 기인 자락

짙은 회색 단면
붉은 색조로

파상문*, 금당, 강당에
동서로 회랑이 있는

전통 사찰을
두 동공에 그리며

울린 쇠북 소리로
직지심체요절 겉장을 넘겨본다.

*석경 법전을 외며 흔든 옥돌 방울 종, 경쇠라고도 함
*파상문 물결무늬

고문전 보대전에 대한 이설

중국 송 때
전등록에서

불조의 법화
뼈대만 간추려

연화문인인
석찬과 달잠

흥덕사
주자시에서 간행함에

한땐
이보다 더 앞서

"고문전 보대전"이
발간되었단 이설은

증빙자료가 전혀 없어
통용되지 않고 잦아든 주장설

유네스코 등재 1
― 직지상이 제정되다

직지는
한겨레에게만

국한된 문화가 아니기에
세계화를 위해

어느 나라 어느 지역
인물, 대상 주제를

시간적인 영향력
희귀성의 보존을

세계기록 문화유산 보호로
유네스코가 등재하며

문화유산 발명 보호자에게
영광의 빛으로 수여하기 위해

조례 공포 제정한
유네스코 직지상

유네스코 등재 2

양병산 기슭에
안겼던 흥덕사

바랬던 소망이
등불로 밝혀짐에

세계적으로 처음이란
가슴 벅찬 희열

한나라 백의민족
정신문화의 산실

영롱히 빛무리 진
세계 최초 인쇄문화

자랑스런 지혜와 슬기
같은 숨결 얼로

고려에서 온누리로
먼동 튼 햇살마루

백운화상 1

경한 선사인
백운화상이여

참선 수행에 들어
사람의 마음을

바르게 살피면
그 마음의 본성이

깨달은 부처로
저술 편집했기에

스승의 가르침을
세상에 펴기 위해

제자들이 지혜를
흥덕사에 집약시킨 슬기

소망을 이룬 바람은
쇠붙이 활자 한 글자씩

곱게 빗질한
열 제자들 손길이 바빠라.

백운화상 2

생지 태토는 다 같았지만
중생이 아니었을 화상

절칸 부엌에
연기로 지핀 불

가마솥 밥
부처와 동자승도 공양 한 그릇씩

불길에 타버렸을 흥덕사
절집 세월에 무너졌나

육신이 불사리 되어
불꽃 속에서 가려낸 구슬

어젯밤을
새벽으로 걷어낸 갓밝이

윤슬의 아침 햇살로 반사되어
더욱 영롱히 고아라.

아홉째 갈피

직지에서 구텐베르크

42행 성서 1

고려 금속활자를 접한 지
3년 만에 갈무리 작업

성서는 한 장에
42줄 2단으로 만들어진 것

42행 성서에
금색, 홍색 고운 장식은

일괄 찍어 냄이 아닌
인쇄소 밖에서

다음 날에
다른 사람의 솜씨로

수작업 되어
채색 처리된 후

성서에 같이 묶여
세상에 선보인 성서 책자

*구텐베르크가 고려 금속활자를 1452년에 만남

42행 성서 2

직지심체요절은
구텐베르크

42행 성서보다
한 세기가 가까운 80년

중국의
춘추번로에는

무려 145년이니
한 세기 반의 시간대

고로 직지는
세계 최초 금속활자로

지구촌 기록유산으로
그 가치가 으뜸으로 등재됨에

하고자 할 의도만 있으면
능히 발명할 자긍심을 얻어라.

구텐베르크 1

기술과 디자인을 체득 후
고려 아닌 다른 이국에서도

활자 인쇄술에
첫 시도를 한 사람

어느 일이든
처음의 시작은

부족된 기술에
빚쟁이로 좌절을

오래 참으며
오랜 노력으로

그 진취성의 기백은
칠전팔기했던 정신력

오늘의 유럽 문화를 일으킨
근원적인 원동력이다.

구텐베르크 2

고려 다음으로
독일에서 문을 연 인쇄소

금속 주조기
양피지, 종이류에

기술과 제재를 더해
성서 42행

시행착오 거듭한
인쇄 시작한 3년 만에

완성의 끝날에
쌍수 들고 외쳤을 함성

독일 사람
구텐베르크

그 의지와 연구력이
성서 42행을 인쇄해 낸 산물

흥덕사를 그려 본다

골바람 감돌며 물결로 일렁인
양병산 기슭 터

보고픈 조바심 일어
옛 흥덕사를 사지에서

전통 사찰로 그려 본
붓놀림 터치

허공에 기댈 곳 없어
나무는 나무가 서로 버팀목

가꾼 잔디뿐만 아닌
잡초도 끼리끼리 기댄 채

오늘이 고운 해거름에
바람 불어 시린 밤

투명스런 찬이슬
여린 잎 위에서 뿌리로 내림을 본다.

여래는 늘 빙그레 1

스스로의 자심이
발심(發心)이 된 날

네란 나란 자신이
승보에 도량

무득자래*로 가면
구도자에 귀의처

수행의 순례는
지주에 좌표이거늘

사바계는 사바로 끝남이 아니라
바로 여기가 극락계라

진아의 영역은
삶살이 죽음살이를 깨쳐

점화시킨 잉걸 불꽃
여래의 도톰한 구순*에 미소를 받아

밝은 얼굴로 빙그레
백운화상

*무득자래 주머니 하나 없는 승가의 몸
*구순 입과 입술

여래는 늘 빙그레 2

여긴
교화해야 할 경토

오늘을 살다가
내일의 죽음은

하나둘이 아닌
한몸에 열반*으로

만물은 한낱 진애로
천상 공간에 안김에

여기에 작은 티끌 먼지는
어디에 묻힐까 물어도

경건한 장엄법계*는
이른 대답이 없을지니

바윗덩이 갈았을 석경을 보며
내가 나에게 답해 보리라.

*열반 불법의 경지로 해탈
*장엄법계 불계의 진여

여래는 늘 빙그레 3

시작은 없고
그 끝도 없을

금생살이
내생살이

사바계*에
있고 없는 것은

하나이면서도
여럿이거늘

승보도량*
참 자아계

영생의 앞길로
올곧게 트여 뻗인

빙그레 눈앞에
삿된 것 버린 참아(眞我)

*사바계 석존이 교화하는 인간계
*승보도량 계율을 닦아 인간계에서 벗어남

이 뭣고? 1

본디 생과 사는
무시무종*은 시점도 종점도 없음이라

마음이 영체
영혼이 마음

이 말씀이
이 뭣고…?

중생이 여래일저
여래가 생명이라

지난날이 옳으면
오늘도 같아 옳은

오늘의 금생
내일의 내생

이 뭣고…?
이게 불토의 법언이랴.

---

*무시무종 대아의 심체는 언제나 존재

죽음에 대하여 1

죽음 앞에 슬픔과 아픔은
사람이란 생명체에 대한

깨달음 없이
무한적인 소유욕의 집착 때문

가난을 벗어날 심욕으로
쫓다 쫓긴 육신

그 서두름에
애착한 미련이 많기 때문

죽음이란 끝날은
이런 자들에게

허망적인 의식계를
자각적으로 깨닫게 하는 촉매제

무아

불변하는 실체로
법열을 갖춘 무소유자

피안의 단애에서 내면에 이룸은
무아(無我)*에 근접함이니

오방색 열반의 빛이
절터에 쏟아져 내리면

낡아버린 몸뚱이
흙속에서 돌아갈 곳은 자연이라도

육신이 자연의 티끌이라
깨달아 산 자 없어라

그리하여
이곳 중생계라도

탐심 지우면 더함도 없고
비움에 덜함도 없느니라.

*무아 자기의 존재를 없다고 잊는 것

본래불

불국이
하늘에 없음에

불계가
땅에도 없음이라

지금 살고 있는 곳이
청정한 극락*계로

명백하야
아미타불과 같이 살 안락계

하여, 여기가
밝고 맑은 불토며

바로 이곳이
서방국 정토로

중생이 본래불(本來佛)*로
열반할 땅이어라.

*극락 자유로운 유토피아의 이상향
*본래불 누구든 본래 성불임

피안의 존재

사람에게
자아는 무엇인가

인간에게
가아*도 있는가

가아는
육신을 구속하여도

진아*는
그 묶임에서 벗어나라

생시의 현실에
먹고 자며 살고 있는 자로

몽정을 하고 있는
나는 나이지 다른 누구인고

피안*의 존재는
자신이며 타인이리라.

*가아 자신을 잊는 것
*진아 나를 깨달음
*피안 번뇌를 벗어 열반계에 듦

죽음에 대하여 2

가족, 이웃사촌에서
죽음을 알려 온 부음

오늘은
피붙이 살붙이 뿌리인

어버이께서
이승을 정리정돈하신 날

죽는단 것은
몸뚱이 세포가 줄어듦에 순응하는 것

그리하여
금생은 끝이 아닌

언제나
첫 시작으로 출발한 영원계

죽음에 대하여 3

한 사람의 죽음을
공포한 장례의식

그믐의 어둠으로부터
구속에서 부여받은 해방

한량없는
기쁨과 안락을 얻기에

죽음을 모신
장례의식에 참석은

열 가지 일을 제껴 두고
두 손을 모둔 합장

오늘부터 육신이 아닌
영혼으로 만날 죽음이다.

하나는 절대로 하나가 아니다

태양은 하나
달도 둘이 아니어라

그러나
때론 수백 수천이라

우주 곳곳에서
태양이 빛나고

달도 만물에 드리워져
은은한 은빛

늙은 도공이 빚은 그릇에
저마다 맑은 물 떠놓으면

담긴 물속에
그릇 수대로 뜬 해와 달

더 많은
달과 태양을 볼려거든

도공을 도와서
더 그릇을 빚어라.

열 번째 갈피

직지에서 엿본 법어

한 그릇의 공양

사람이든
짐승이든

음식과 물을
수시 끼니 먹지 않고는

살면서 활동할 수 없는
한낱 동물이렷다

차안*의 피안에서
범성을 초월할지라도

삼시 밥때는
자신에게 바친 공양

한 그릇 밥은
몇 알쯤 된 쌀알이랴

크게 뜨면 한 숟가락
작게 뜨면 열 수저가 될지니

그 쌀알에
그 밥 한 그릇에

세속인 눈에 보이지 않아
헤아릴 수 없는 농부의 공력   *차안 이 세상의 생사

현계의 불

분명 묻노라
확실히 대답을 할지어다

내가 먼저
우주촌을 이탈했나

허공이란 공간이
나를 벗어났는가

대아*, 무아*, 소아*
대승경지*와 소승경지*

과거불, 현세불
내일불, 내세불

오늘을 깨친 시간이
곧 현세불일지니

청정한 강물에 헹굼이
바로 사람의 여래

*대아 집착을 떠난 경지
*무아 자신의 존재를 잊는 것
*소아 망집에 빠진 존재
*대승경지 이타주의로 중생구제
*소승경지 수행으로 해탈하는 개인의 존재

생사의 대의

법어를 어디서 어떻게 들어
결제*에 이루며

어찌 깨쳐 깨달아야
끝냄의 해제*에 들어가 보랴

일체의 번뇌를
해탈*할 경지로

고요로운 청정에서
열반이란 생사를

결제 따로라
해제 따로라

그 생과 사를
대의다 소의다

감히 단정을 짓는 자
이 뭣고…? 뉘 이런고…?

*결제 석 달 간 안거에 듦
*해제 안거를 풂
*해탈 번뇌의 굴레를 벗어난 열반

육과 영의 여래

인간이란 자의 눈으로
사람을 보고 볼 땐

고깃덩이에 불과한
육신만 보이고

깊은 곳에 숨은 듯 있는
영체는 볼 수 없노라

몸이 있되
영이 없다면

그건 속인들 곁에 버려 있는
송장으로 썩어가고 있을 뿐이다

영체가 있으나
육신이 없다면

또한 그것도
죽은 자의 삿된 넋일 뿐이로다.

창조주의 작업 1

일상의 삶살이는
육신 본위로 사는 게 동물계

무한한 공간인
우주의 허공은

지, 수, 풍, 화(地水風火)인
흙과 물과 바람, 불인 것

흙은 토륜
물은 수륜
바람은 공륜
불은 화륜

지질, 지리적인 자연으로
창조주의 작업은 시작되어라.

창조주의 작업 2

태고 태초로
흙을 물로 찰지게 짓이겨

창조주 모습대로
주물럭거려 빚어내

부드러운 솔솔 바람에
건조시킨 예벌 다음

연기 피어오른 약불로
알맞게 구워 냄에

몸은 흙의 기운
피는 물의 흐름

숨을 내쉼은
바람의 기세

온기가 감돈 육신은
빛과 열을 낸 불이어라.

부처도 마음이 무거우면 중생이다 1

세속에 묻혀 있어도 비우면
깨침의 여래가 되고

부처도 무거운 마음은
어둠 속에 방황한 중생

참나로 자아를 깨달으면
장엄한 법계

자애로 복도 짓고
혜안도 밝아져

입술 깨문 아픔 참아
허물 벗는 범부에서

번뇌에 얽매임 없이
생사계를 초월하는 대도

부처도 마음이 무거우면 중생이다 2

내심적인 영
그 실체에 대하여

있노라 없노라
구차히 논지 말지어다

연이 있어 태어나고
몇 십여 년 끝날은

영원히 지속되어도
그 형상만 봐 왔기에

잠시 바꿔 놓음 같이
환치기 놀음으로

오고 가는 모습만 보인
몽상적인 판타지일저

마음이 무거운 자들은
감히 이렇다저렇다 말지어다.

이 뭣고? 2

이 뭣고…?
큰 물음이 있으면

이게 뭔가…?
작은 물음도 있어라

여러 질문 끝엔
깨침이 클 것이며

작은 의심은
얼음이 없는 공량으로

생이 공하니
사도 빛과 모양이 없는 허로

공에 대한
법계의 이치와 본디를

무변한 정진으로
그 청정한 법신을 알게 되리라.

다중일체(多中一體)

땅위로 흐른 강물은
대해에서 파도칠 바닷물

지금 강물은 맹물이나
앞으로 짭쪼롬할 바다

그러기에
천지가 개벽한 날엔

빙하는 뜨거워 흐르고
내륙성 하류는 동토

소금기를 잃은 바다는
짠기 없는 내수가 되고

강물은 증발됨에
다시 왕소금 될지니

세속은 하나에서
둘도 셋이며

화엄계는
그 셋 속에 하나로다.

환상계와 현상계

나란 실체는
어디쯤에 있는

그 누군가
아니면 무엇인가

다시 아니면
네가 아닌 나의 자신이랴

그 안에 진아
그 밖에 가아

가아는 얽맨 구속
진아는 풂의 해방

육신은 때론 거짓의 나요
심아는 영원의 참나다

거짓 나는 환상계로
흐트러진 번뇌 망상

자성은 실체적으로
바로 볼 수 있는 현상계

진아(眞我) 1

지구 땅을 딛고 사는
동식물이 몇이랴

그 헤아림 없는
여러 숫자 중에서

진아로 깨어 있는
한 사람이라도 있다면

누구이든
지금 아뢰어라

이 물음에
화답하는 자 없음인가

강단 앞에서
묻고 묻는 자도

이 물음에 나서지 못해
한낱 축생계에 살고 있음이니라.

불보 · 법보 · 승보

나를 내적으로 잊고
외경인 변방에 산다면

자신도 나를 못 살피고
여래도 끝내 구원지 못한다

깨달은 의식은
각성한 불보며

그 깨달음을
언어로 새겨 기록하면 법보

법성에 의한 수행은
경전을 대신함에

중생을 제도하는
계율의 승보로

청정한 불각*으로
심성의 무명에서 벗어남이다.

*불각 불당

만만세가 지나도

병들지 않아 콧김 더울 땐
백여 년 지나도

이삼백 년 넘게
살고 살 것 같으나

숨 한 번 내쉬고
두어 번 들이키면

백여 년도
한 찰나로다

천 년이 지나도
예전이 아니요

만만세이어도
현계의 지금

공문에 들어서면
망집없는 무상도*에 늦지 않게 이른다.

*무상도 상념이 없는 절대의 경지

진아 2

기쁘고 즐검은
환경에 지배되나

진아의 환심은
그 어디서나 구속되지 않아

부동심은 흔들림이 없는
본디의 본심이다

소승심*은 깨달아도
환으로 즐거움을 쫒음

대승심은
설법도생으로 가르침

최상승심은
포고발심하여 열반계에 도달

생사와 열반이 함께하여
모든 중생이 본래불이 되어라.

*소승심 해탈의 교법

열한 번째 갈피

법어를 서툴게나마 읽어보기

살생

살아 있는 생명을
죽음의 주검으로

본디에 나를
바로 내가

자비 없는 칼날로 해침이니
죽을 뻔 살 뻔

구제의 대상인 중생이
전생을 지나서

바다, 산, 강길로 맴돌아
금생으로 오는 동안

다 어버이요
다 형제로

죽음이 아닌 주검은
계의 근본을 벗어남이다.

간음

지약 없어 부부가 아닌
웅성과 자성

끼리끼리 살을 부벼
피를 섞음은

천지신명께 드린
부부 혼약을 어김으로

밝고 맑음에
먹구름을 불러옴이다

일시에 색경계로
구원할 수 없는 나락

한 사람의 개인은
자기 파멸이요

나라의 군주는
흥망에도 끼칠 영향

어느 누구도
한 번이라도 절제할 간음이로다.

도둑질

내 것 보다도
남의 감이 더 크게 보인 법

그러나
내 것 아닌 것이

천하에 보배인들
길가에 널브러진 잡석이랴

밝은 낮이든
어둔 밤이든

남의 눈치 살펴
훔친 손짓은

끝없는 욕망으로 뻗친
무척추에 촉수

촉각, 후각이 나날로
그 진득거림이 더하여라.

거짓말

상황 따라 둘러댄 거짓은
몇 번쯤은 기피게 하여도

며칠 지나지 않아
사실은 진실로 밝혀지나니

거짓말인즉
악언, 망설, 기어

이런 망녕스런
거짓은 삼갈지어다

한 입으로 두 말 하는
가증스런 망언은

가족과 이웃도
멀어지게 하는 거리

거짓된 말이 유언비어로 나돌면
인심이 흉흉해져 나라도 흔들린다.

금주

술 덤벙 헤엄치기
물 덤벙 수영하기

매사마다
가벼이 경거망동함은

본성인 마음
혜안의 지혜

장유유서에
예의범절도 상실

그런고로
지나친 과음은

나의 건강한 수명을
스스로 결정하는 단명

술을 절제지 못하면
패가망신으로

중생의 정신을
공짜로 빼가느니라.

삼경몽(三更夢)

사람으로 한평생
손톱이 닳도록

이럭저럭 해놓은 일들
사방으로 널브러져

어제로
흔적없이 묻혀 가는

한밤중에
선잠 속 꿈이요

만리 강산인
너른 나라도

한판 두어 본
바둑판 놀이다

세상엔 모용*은 끝이 없어
나라도 곧잘 채색을 하느니라.

*모용 얼굴

십중대은(十重大恩)

삼백일 기르신 태중의 괴로움에
출산 때 아픔을 참으심

자식을 낳으시고
몸풀며 잊으신 걱정

젖물을 참참이 짜
먹여 키우신 정성

더러움을 모르시고
손수 주무르신 분변

여러 음식 중에
가리고 가려 주신 손길

몸과 마음의 때를 씻어 주신 속정
자식에게 죄가 있다면

먼저 비손 드리신 사죄
세연*의 끝날에도 잊지 못하신 은혜

*세연 세상의 인연

예와 지금의 십세 1

과거 삼세
현재 삼세

미래의 삼세까지
일세로 십세고금이니

만물은 공제로
비인 공이요

그 하나도
실이 없어라.

예와 지금의 십세 2

만유일체가
비인 허공이지만

삼라만상은 가제로
아슴 속에서도 보임이요

고로 일체의 제법은
빈 공이 아니며

절대적인 절대의
중정인 진리이니라.

원각대지(圓覺大智) 1

일정한 곳에서
출생한 태생들

어미가 알을 방울방울 슬어
방정으로 깨인 난생들

축축한 늪지에서
살아가는 습생들

본디의 형체를
변태하는 화생들

이 모두가
땅에서 물에서

숨결로 살아감은
한 생명으로 하나로다.

원각대지 2

중생의 마음이란
언제 어디서라도

언어를 글자로 적어
말도 읽으며 듣고

나름대로 생각하는
본바탕의 심지가 있어

깨달음도 자신이요
지옥고도 스스로의 결정이다.

원각대지 3

작은 깨침에도
큰 그릇을 보면

잊고 잃어버린 나를
진아 앞에 세움이나니

한낱 중생으로
왜 살고 있는가

그 값진 자아는
보살로 부처께 가는 길

생멸심

삶이란 것
죽음이란 것

과거 장엄겁
현재 현겁에도

본무 생사로
나고 죽는 게 없어라

고로 죽음도 초월
그리고 사는 것도 초월

죽는 것만 없고
사는 것이 남으면

해탈이 아닐지니
생멸심을 벗어나

본래 생사가 없다 깨달으면
비로소 생사를 벗어난다.

삼보시(三布施) 1

불에 데운
내심을 나누면

아공(我空)의 아심은
유심정토로 법보시

지금 가진 것들
반의반쯤이라도 덜어 내면

실마리가 착상된 재보시는
얽매인 소유번뇌에서 무루복(無漏福)*

---

*무루복 번뇌에서 벗어남

삼보시 2

육신을 아낌없이
봉사로 베푼 무외시(無畏施)*는

대자비로 하여금
절대의 복과 혜로다

보시는 주고 주는 것으로
이미 끝남이요

받는 자 중생이
무얼 어찌하든

한 번 베푼 자가
뒷일을 간섭할 바 없어라.

―――

*무외시 중생을 두려움에서 구제하는 것

열두 번째 갈피

게송의 찬미

법 1

애당초엔
법률이란 없었느니라
사람들이 사람으로 살고자
짜집어 낸 법이란 굴레

원래에는
아무것도 없던 세상이니
공으로 공에서 살면
법 아닌 것도 없어라

어찌하여
하나의 법이란 것에
법이 아닌 것이
또 다르게 있어

어느 날엔
좋은 법이 되고
어쩐 날에는
나쁜 법이 되어라.

법 2

게송을 노래하면
곧 법일지니

앞으로 끊이지 않도록
전해 읽도록 할지어다

내심이 아니면
법이 있어도 법이 아니니

그 마음이 없음에
법도 없음이로다

내심이 소리 없이
법을 말할 땐

그 법은
마음의 법이로다.

법회선열 1

하늘 중천에
해와 달이 뜨고 지나

땅위엔
모두 없어 공하도다

한 국가란 나라에
임금 밑에 신하만 득시글거리고

백성은 보이지 않음이
어인 일인고…?

법회선열 2

오늘을 살아도
몸과 마음이

구애 없는 속박에
제각기 묶여 있어

법회와 선열의
묘출에 들지 못함일지니

깨친 기쁨으로
삼매에 든 선정이 없기 때문이다.

불자

내심의 자리에
깨달음이 다닿는가

이렇게…
저렇게…

줏대도 없고
객관도 없이

텅 비인 본체를 보고
무얼 얻었는가

밖의 먼지 속 육진
중간에 안연한 육식

육신을 씻는 육근
원컨대 십팔계

이를 일시에 놓아 버릴 때야
바로 범지가 생사를 벗어나도다.

상나화수와 문답

상나화수가
우바국다를 시자로 삼던 날

"너의 몸이 17세인가?
너의 심성이 17세이냐?"

"스님의 머리털이 희었으니
머리털이 흰 것입니까?
마음이 하얀 것입니까?"

"다만 머리털만 흰 것이지
마음까지 흰 것은 아니다."

"저의 몸이 17세이나
아직 마음은 17세가 못 되었습니다."

법 3

마음이
본디 내심일 땐

그 본심에
법이 없느니라

법률이 있으나
본심이 없다면

내심 속 내심은
마음이 아니고

법도 법이 아니고
마음도 심체가 아닐지니

본심이 법일 때야
비로소 반경이 너른 내심이어라.

향중과 우바국다

"너의 몸으로
출가하려고 하느냐?"

"너의 마음이
출가하려 함인가?"

"어찌 몸과 마음을
위함이겠습니까."

"몸과 마음이 아니라면
무엇을 위함이런고…?"

"대저 출가하는 자는
자아가 무아이니
곧 마음이 생멸하지 않음이라
이에 도로 항상입니다."

"그렇지. 마음은 형상이 없어
또한 내심의 본체가 그렇느니라."

법 4

진아의 경지에 다달음은
불생에 불멸로

서로 다르지 않아
둘이 아닌 하나다

본법의 심연을
통달하게 되면

법이 없거니와
법이 아님도 없어라

선정의 언저리에서는
진히 깨닫지 못함이니

마음도 없고
이에 법도 없어라.

깨달음

깨달음에 듦도
깨닫지 못함도

처음에서
시작이 되고

그 시작이
바로 끝이로다

모든 허상을
초월했다고 하여

그 깨달음에
찬란한 광명이 나는 게 아니다

어느 중생이든
아라한*이 되면

삼명 육통 십팔 변화로
날개 없이 허공에 오르기도 하며

육신이 커지기도 하고
티끌로 작아지기도 한다.

*아라한 공덕을 갖춘 사람

석옥청공 선사의 임종계

청산은 냄새 나는
시신을 가리지 않으나

찌들고 부대낀 죽음
어찌 땅을 파 묻으랴

지난 일 돌이켜보건대
나는 삼매의 불이 없나니
한 무더기 장작으로
이 몸뚱이 태울지어다

불이 활활 탈 때를
빛을 방출한 광전이며
사그라 꺼져 가는 불길은
끝나는 절후라 할지니

처음엔 기세 있게 타오르고
두 번 아닌 한 번으로 절후하여
생살 지글지글 탄 연기가
청산의 숲을 휘돌아 넘는구나.

의식의 근원

내심이 없으매
얻음도 없고

얻음이 있었다면
그건 법이 아닐저

가슴의 티끌이
진솔한 마음 아님을 알면

하나의 마음과 다른 마음이
그 법을 알 것이다

만일 얻는다고
여겨 말을 했다면

그것은 진법이 아니며
얻음도 없어 곧 마음도 없음이다.

해와 달이 몇이 드냐

하늘에 해와 달은
하나임에도

수천 물그릇
수만 강줄기에

하나하나씩
해와 달이 담기니

이에
허공에 달과 해는

분명히
하나가 아닌

수천의 달
수만의 해로다.

본래성불

본디 흙 주물린 생명은
근원적으로 증오, 허기, 갈증이 없어

고로
우주의 본리

대아인
심체는

처음도
끝도 없어도

언제 어디서나
항상 존재하므로

본래 중생도
부처였느니라.

내심

첫 시작의 날이 없고
끝 마지막도 없다면

금생이 여기에 있으며
내생이 또한 있는가

욕망, 노여움, 번뇌에
생멸이 없었으면

꿈도 생각도
전연 없으랴

하나가 하나로
여럿이며

여럿 무리가
하나라면

곧 그 마음이
내적 실체인 영체이다.

오늘 무슨 일을 짓나

실핏줄까지
뜨건 피가 돌고

콧구멍, 입으로
내쉰 숨결 따라

두세 치 혀를 움직여
말을 하거늘

아침에 헹궈 낸
정신이 작용한 마음으로

먼동 터 해진 하루
일하지 않으면

그날 하루는
먹지 않아야 할 음식

젊은이, 노인일지라도
씨알을 심어 밭을 가꿀지어다.

| 해설 |

| 해설 |

시인의 사명 – 예언의 빛

이 혜 선
시인 · 문학박사 · 한국문협 부이사장

　시인이 사용하는 언어는 부족 방언으로서 그 부족이 처해 있는 역사적 배경이나 사회적 상황의 반영이며, 시인의 정신활동의 산물로서 시정신과 세계인식의 방법과 분리될 수 없다. 우리나라에 전통적으로 학문과 문학을 겸한 선비에게서 계승되는 선비정신은 현대를 살아가는 문인들이 꼭 받아 지녀야 할 귀한 정신이다. '마음을 거울처럼 맑게 해야 하고 몸단속을 먹줄처럼 곧게 해야 한다'(이덕무의 『청장관 전서』에서)는 자기인격도야의 자세는 물론이고, 나라에 어려운 일이 일어났을 때 한 몸에 가해지는 위해를 무릅쓰고 곧은 소리로 간언(諫言)하고, 상소를 올리던 선비는 그 사회의 양심이고 지성이며 인격의 기준이었다.
　『월간문학』3월호에는 시인이 이러한 전통적 선비정신을 계승하여 시대 사회의 양심으로서 시가 이 사회에 어떤 역할을 해야 할 것인지 개인의 내면에서나 민족의 역사에 어떻게 기여할 것인지 효용론적 관점에서 음미해 볼만한 작품들이 눈에 띄었다.

고려 조선 대한민국
돌아가고 싶은 조국이렷다
1백 37년이 귀국길에 아직도 모자라는 세월
밤낮 가림 없이 소쩍으로 우짖다가
이젠 더 버틸 기력 없노라

그렇다면
몇 년을 더 곱셈해야만
병인양요 설움 접도록
나폴레옹 3세 휘하 극동 함장 로즈가
첫 자리 갑곶부로 옮겨주도록 할
내 나라 고래 힘줄 언제 당겨 볼 거냐

고려 청자 끼르륵 – 학울음은
큰 뿌리 잔가지까지 잇대 내린
대한민국 한국에게
묻고 물어본 소리일지니
조선의 쇄국 양이 정책은
대원군 곰방댓통에서 사글게 하라.

그간 암초 해초로 묵정 뱃길
평화 번영 도약의 열린 외교 시대임에
침공 아닌 화해와 신뢰로
극동 로즈 함대 띄우리라
타국살이 노린내 배인 몸
잠속에서도 꿈으로 그리던 갑곶

다시 문화를 세계로 미래로 내보낼 산실
강화부로 가고 싶노라.

– 강성수 『「직지심체요절」·2』 전문

「직지심체요절」은 「백운화상 초록불조 직지심체요절」로 현존하는 가장 오래된 금속활자 인쇄본이다. 1377년(고려 우왕 3)에 금속활자인 주자로 찍어낸 초간본으로 상하 두 권이 약 50권에서 1백 권 정도 인쇄되었으리라 추정되는데 지금까지 전해지고 있는 것은 하권 1책뿐이다. 구텐베르크가 활판 인쇄술을 발명한 것보다 약 80년 앞선 첫 금속활자이며 세계에서 가장 오래된 문화유산이라는 점에서 지난 2001년 유네스코 세계기록 유산으로 지정되었다. 그러나 이 「직지심경」은 1866년 병인양요 때 강화부를 점령한 프랑스 군대에 약탈당하여 지금까지 프랑스 국립박물관에 보관되어 고국으로 돌아오지 못하고 있다. 시 「직지심체요절」은 1과 2, 2편으로 연작시인데 1에서 시인과 일치하는 시적 화자는 '약탈당한 문화재 찾아오고자' 프랑스의 '세느강 다리 건너 꽁꼬르드 광장'에 서서 외치고 있다. 우리나라의 「직지심경」뿐만 아니라 '나폴레옹 이집트로부터/금박문자 신고 오는 마차와 군선'을 통시적 안목으로 바라보면서, '쉰여 나라'의 '상형 금박문자 모본은 공개하면서/유독 '직지심경'만 숨기는 프랑스에 반환을 청구하는 1인 시위자의 무력함을 표출하고 있다.

『「직지심체요절」·2』에는 「프랑스 국립도서관에 감금되어 한국에게 묻노라」라는 부제가 붙어 있다. 즉 프랑스에 반환을 청구하는 개인적인 시위로는 움직일 수 없으니 '내 나라의 고래 힘줄'을 당겨서 '나'를 찾아오라는 하소연이다. '직지심체요절'을 시적 화자로 하여 말하고자 하는 뜻을 전하는 일종의 은유법을 사용하고 있다. '1백 37년이 귀국길에 아직도 모자라는 세월／밤낮 가림 없이 소쩍으로 우짖'도록 버려둔 것은 우리나라의 약한 국력, 관계자들의 무관심, 무성의, 민족의 전통과 유물과 정신을 계승하고 보존하고자 하는 국민의 성의 부족 등 많은 요인들이 있을 터인데 이제는 고래 힘줄보다 더 강한 힘으로 세계적 보물을 되찾아가기를 소망하고 요청한다.

찾아오는 것만이 능사가 아니라 '다시 문화를 세계로 내보낼 산실'이 되기를 '평화 번영 도약'의 조국이 세계 속에 우뚝 서기를 갈망하는 자주성과 애국심이 돋보이는 작품이다.

조선시대 선비-사대부의 시가를 읽다 보면 충의 사상이 드러난 시가를 제외하고 자연을 노래하고 풍류와 은일(隱逸)을 노래한 시조나 가사에서까지도 늘 마무리는 '感君恩'으로 끝맺고 있다. 물론 오늘날의 시각으로 볼 때 주제의 지나친 노출은 바람직하지 않지만 '자유'를 빙자한 지나친 개인주의와 이기심이 만연하는 방종의 사회에서 되돌아보고 되새겨야 할 국가의식이나 민족의식은 필요하지 않을까 생각한다. 관념을 형상화하고 승화시켜서 세련된 언어 감각으로 표현하는 기교는 각자의 감각과 역량에 맡겨야 하겠지만 시정신의 측면에서 음미해 볼 필요성을 느낀다. 개인의 삶의 질과 문화적, 경제적 능력은 곧 국력에 의해 좌우됨을 간과할 수 없고 어느 나라, 어느 민족의 안방까지도 환히 들여다볼 수 있는 개방적인 지구촌 시대에 살고 있기 때문에 이러한 차이는 극명하게 대조되며, 그래서 더욱 국가와 민족이 귀중하고, 자주성과 전통이 소중한 자산이다.

『월간문학』 2004년 4월호 월평

| 해설 |

송구스러운 필설로 받든 『직지(直指)』의 위업(偉業)

"종이와 인쇄가 있는 곳에 혁명이 있다."
토마스 칼라일

노 창 수
문학평론가 · 한국문협 부이사장

1. 왜 『직지』인가, 그 위업에 다가가는 겸허의 자세

역사적 위업을 위해 몸 바친 선각들의 그늘 아래 우리는 과거 · 현재 · 미래를 살아간다고 해도 지나친 말은 아니다. 그 인물들이 장구한 기간에 이룩해 놓은, 그래서 목적하는 바 원대하고 심오한 매듭을 민족사적으로 결구한 일은 겨레의 자랑이자 국가 정신을 세우는 전기가 된다. 그게 이른바 '위대한 문화유산'일 터이다. 가령 오늘의 이 시집에서 말하는 『직지(直指)』와 같은 역사적 큰 매듭 말이다. 강산에 늘봄잔치 시인은 프랑스 관광 때 오벨리스크 상형탑 앞에서 안내 통역자를 통해 꿈에 그리던 『직지』를 보고 싶다고 전한다. 그러나 프랑스 국립도서관의 동양문헌실에 근무하는 사서(司書)는 한국의 한 시인의 간곡한 부탁에도 "일언

지하 거절"을 한다. 나아가 "강제추방"을 한다는 위협으로 쫓아내기에 이른다. 이로 말미암아, 시인은 결단코 이 시집을 엮겠다는 결기를 다진다. 사서는『직지』에 대해 "듣지도 보지도 못했다"는 답변만을 반복하기에 당시의 시인은 분노를 넘어 답답한 마음을 주체하지 못한다.

시인이 쓴 머리말 격의「들머리 잔말」이란 서두에서 겸손하게 밝히었듯이 이 시들은 "운율적 정서를 함축시킨 시"라기 보다는『직지』에 대한 "작은 논문"이라고 여기고 있다. 그러나 필자가 보기에 모인 글들은 긴 호흡과 뜸들인 육화의 목청을 거침없이 통과시킨,『직지』문화재에 열정의 생명을 불어넣은 장편서사시로 인식한다. 읽으니, 강산에늘봄잔치다운 특유한 진술 맛에다 독자의 각오를 다지게 하는 강단의 정신이 담겨 있다. 시인이 언급하듯 이게 하나의 애국하는 기획일 법하다.

2.『직지』의 탄생, 최초 금속활자로 인쇄된 책

이 시집은, 〈첫째 갈피〉 직지심체요절, 〈둘째 갈피〉 직지 금속활자본, 〈셋째 갈피〉 직지의 돛폭에 안겨 든 바람, 〈넷째 갈피〉 청동 쇠북을 울려라, 〈다섯째 갈피〉 대한민국의 딸 박병선, 〈여섯째 갈피〉 유네스코 등재, 〈일곱째 갈피〉 고려 때 활자 하나, 〈여덟 번째 갈피〉 절대 행위, 〈아홉 번째 갈피〉 직지에서 구텐베르크 등 총 12개의 갈피(章)로 구성되어 있다. 각 장은 13~17개의『직지』관련 소주제들로 구성되어 있는데, 부분 부분마다 편년체적(編年體的)인 체계와 사실적(事實的, 史實的)인 체계 등을 병행하고 있다.

우리의『직지(直指)』가 "돛폭에 안기"기까지 걸쳐 불어온 "바람"이 관통하는 데는 누백년의 풍파가 겹쳐 지났다.

국력이 쇠약해진 틈을 타 보물급 문화재는 아깝게도 해외 반출로 이어진다. 우리는 고등학교 역사 시간에 『직지심체요절(直指心體要節)』은 현재 금속활자로 인쇄된 책 중에서 세계에서 가장 오래된, 즉 서양 구텐베르크의 『42행 성서』보다 78년이나 앞선 1377년에 인쇄된 책으로 배워 왔지만, 그동안 이 최고사(最古史)는 국제사회에서 인정받지 못했다. 실증자료가 없었기 때문이다. 아니 있었더라도 열람해 볼 수 없게 갇혀 있었기 때문이다. 이 책은 원래 상·하권으로 되어 있었다. 고려시대 승려 백운화상(白雲和尙)이 공민왕 21년에 부처님과 스님들의 가르침에 관한 대화, 편지 등의 주요 내용들을 엄선하여 편찬한 책이다. 그만큼 명구(名句)가 많은 것으로 전한다. 백운화상과 그의 제자들이 우왕 3년 청주의 흥덕사에서 『직지』를 공부하고자 하여 인쇄한 책이다. 그게 이 지상의 최초 주조활자로 찍은 발자국이다. 그러니, 루이 암스트롱이 달나라에 찍은 발자국 같은 개척사에 길이 남을 업적이겠다. 마침내 2001년 9월 『직지』는 유네스코 세계 기록유산으로 지정되기에 이르렀고 가치 또한 객관적으로 논증되었다. 하지만 이 책의 상권은 유실되고 현재 하권만이 전한다. 그것도 남의 나라 땅에 감금되어.

실로 안타까운 일은 세계 최초의 이 금속활자본이 조선시대 말 병인양요 때 프랑스로 압출, 건너가 지금은 그곳 국립도서관에 영어(囹圄)의 몸으로 감춰져 있다는 사실이다. 이를 되찾는 운동을 벌이는 〈청주시민회 직지찾기 운동본부〉는 반환청구 등을 위해 노력하고 있지만 함께 일하려는 사람조차 적다고 한다. 『직지』를 발견한 건 1985년 토지공사 택지 조성 중이었다. 문헌에만 나와 있던 흥덕사 절터를 발굴하면서부터 시작되었다.

『직지』란 백운화상(白雲和尙)이 초록(抄錄)한 『불조직지심체요절(佛祖直指心體要節)』이다. 그래서 원이름이 『백운화상초록불조직지심체요절(白雲和尙抄錄佛祖直指心體要節)』이라는 책이다. 그래, 책의 이름을 줄여서 『불조직지심체요절』, 『직지심체요절』, 『직지심체』, 『직지』 등으로 부르기도 한다(이 글에서는 '직지'란 용어를 쓴다). 1972년 프랑스 국립도서관에서 주최한 '책 전시회'에 〈직지심경〉이라 소개되면서 한때 잘못 불려지기도 했다. '직지심경'과 '불조직지심체요절'이란 대상하는 불경 자체가 다르기 때문이다. 책의 내용은 부처님이 말씀하신 선(禪)을 깨닫는 과정을 담고 있어서 고려 선종사(禪宗史)에도 귀중한 자료로 여긴다. 나아가 이 책은 세계에서 가장 오래된 금속활자로 인출되었기에 더욱 유명해진 것이다. 현재 청주시 흥덕구 직지대로 713(운천동)에 위치한 〈청주고인쇄박물관(淸州古印刷博物館)〉에서 그 설명 자료를 볼 수 있다.

3. 시집의 갈피별 편제, 목록, 의의

이제 이러한 정황을 품고 있는 『직지』가 오욕을 견디는 역사, 그리고 중생에게 미친 도량(度量)에 대해 시인의 눈과 마음에 어떻게 각인되고 있는지 마디별 주요 작품을 통해 살펴보고자 한다. 먼저 이 시집의 구성에 대해 다음과 같이 요약해 본다.

〈첫째 갈피〉: 직지심체요절
(1)직지의 개념 (2)명칭 (3)의의 (4)구성과 행방 (5)목판본 (6)한반도 선사 기록 (7)화엄계 심지 (8)흥국사 금속본과 취암사 목판본 (9)직지 간행 효과 (10)직지 하권 (11)불가 법어전, 중생계 명상전, 생명계 불성 (12)백운화상 불심계

〈둘째 갈피〉: 직지 금속활자본

(1)하권 소재와 앓음살이 (2)구성과 체제 (3)역자(逆字)와 탈락 (4)필사본 체제 (5)머리말이 없는 까닭 (6)금속판 탈자와 목판본 (7)목판본 판식 (8)목판본 제작정보 (9)목판본 필사정보

〈셋째 갈피〉: 직지의 돛폭에 안겨 든 바람

(1)프랑스 국립도서관 앞 (2)조선 강화부 무력 침공에 빼앗긴 직지 (3)직지 하권을 찾아온 이유 (4)지하 창고에 숨긴 활자본 (5)직지 비공개 항의 (6)일인시위 강제추방 (7)한국의 호명 (8)잔존된 쇄국양이 정책 (9)감금된 도서관 (10)152년째의 타국살이 (11)문화자본과 표현매체 (12)최초 금속활자 기록문화

〈넷째 갈피〉: 청동 쇠북을 울려라

(1)흥덕사 청동 금구 (2)흥덕사 금구일좌 주조 (3)최초 무쇠활자 발상지 (4)직지가 돌아오길 염원 (5)직지 요람 (6)흥덕사 터 (7)흥덕사 상상 (8)흥덕사지 자연 모습 (9)상·하권의 직지 소개 (10)백운화상의 자세 (11)글자본 판형과 주조활자 (12)인판 찍어내기 (13)사지 터 모습

〈다섯째 갈피〉: 대한민국의 딸 박병선

(1)강제로 빼앗긴 직지 (2)여성 역사학도 확인 (3)박병선 박사 발견 동기 (4)박병선 박사 발견 순간 (5)직지를 보는 순간 (6)직지 확인 순간 (7)간기가 적힌 쿠랑 메모 (8)역사적 만남 (9)지하실 서고에서 껴안은 하권 (10)최초 금속활자 연구 (11)세계 최초 공식 인정

〈여섯째 갈피〉: 유네스코 등재

(1)세계 최초 금속활자 1호 (2)혼신을 다해 알린 금속활자 (3)유럽까지 전파한 금속활자 (4)귀족사회로 제한 보급 안 된 안타까움 (5)금속활자 만든 손끝 (6)구텐베르크에서 고려 금속활자로 세계 언론들 정정 (7)동양문헌실에 격리 보관 (8)눈요기 계산된 놀음 (9)직지 뒷장 간기 (10)금속활자 제작과정 상기(1~8)

〈일곱째 갈피〉: 고려 때 활자 하나
(1)억압과 빈약한 경제로 발전되지 못한 문화 (2)조선 인쇄 역사 (3)주조활자의 유형 (4)고주법 금속활자 (5)고려 교정본을 금속활자로 본 근거 (6)고주법 소개 (7)금속활자 인쇄술 소개 (8)금속활자 제작 소개 (9)1234년 주자서 소개 (10)박병선 연구자료 금속활자 제작 확인 (11)고려 금속활자 발명 시작 (12)실물자료 글자 (13)금속활자 세계 영향 (14)납활자로 성경 발간

〈여덟째 갈피〉: 절대 행위
(1)직지, 모국에로 귀국길 (2)직지의 고통 (3)프랑스 직지가 숨겨진 금고 앞 (4)당신의 눈물 한 방을 희망 (5)직지 보관할 국가는 한국 (6)찬탈을 알린 서책 (7)문화재 집필 중 영면한 박병선 서지학자 (8)직지 연구에 심신 안식 (9)한국 정신 지킨 혼불 (10)침묵으로 보여준 흥덕사지 (11)직지심체요절 (12)교문전 보데전 발간 이설 (13)조례로 공포한 유네스코 직지상 (14)희열 최초의 인쇄문화 (15)백운화상의 저술 (16)백운화상의 불사리 구슬

〈아홉째 갈피〉: 직지에서 구텐베르크
(1)42행의 성서 (2)성서 42행보다 80년 앞선 기록유산 (3)구텐베르크의 칠전팔기 (4)성서 42행 인쇄의 기술 (5)

흥덕사 사지에서 붓놀림 (6)수행의 순례 지주 (7)장엄법계 무응답 (8)웃는 여래 (9)불토의 법언 여래 (10)의식계를 깨닫게 하는 촉매제 (11)피안의 무아 근접 (12)불모의 금속활자 (13)인간의 진아와 가아 (14)시작한 영원계 (15)영혼 만날 죽음 (16)하나인 해와 달 이렇듯 이 시집은, 고려시대 중생들의 불심 발원과 숙원을 설법하듯 『직지』를 향한 오체투지를 실현한다. 앞으로 나아가려는 이 같은 요절(要節)은 몸의 무늬를 떼고 이어서 다시 붙이기를 거듭한다. 딛는 발을 떼어 어깨를 펴고 손 짚는 이 지난한 요절 앞에 우리의 정신은 결코 혼절하지 않을 것이다.

그래서 『백운화상초록불조직지심체요절(白雲和尙抄錄佛祖直指心體要節)』이라는 긴 명칭이 갖는 핵심은 요절(要節)의 자리란 뜻이다. 영원한 출발만이 존재하는 것이다. 마치 청주 고을에 세워진 예의 흥덕사처럼, 지고지선의 불타를 모시려는 뜻을 간절히 담아내는, 그래서 기품 있게 서고 앉고 엎드리고 있는 투지의 책이다. 시집의 처음은 직지 개념을 정리하여 우리에게 다음과 같이 전사(傳寫)한다.

백운화상은
고려의 큰 스님 법명

직지심체란
깊디 깊은 심정으로

하나로의 주관적인
마음 속 불성

요절은
붓다의 뜻일레

즉, 선사들의 근본을
요약한 의미

초록이란 글자는
간추린 정리로

불국토인 화엄
연화계에서

불경, 법어, 경전으로
직지심체요절이렷다.

- 「직지심체요절 1」 전문

  시인은 『직지』에 대해 존의심오(尊儀深奧), 존의법도(尊儀法道)의 자세를 견지한다. 하여 그는 "직지심체요절" 앞에 숙의(淑儀)와 경건(敬虔)을 다잡고 정신을 몰두한다. 신경의 모두는 『직지』에서 '직지'처럼 멈추고 '직지'처럼 직립한다. 고려 민족이 화두삼아 자나깨나 기원하며 닦았던 직지와 그 불도의 항존 사상인 "불성"의 "요절", 그 심대함이 지금의 우리에게 안겨 오듯 가깝게 묘사된다. 그러나 병인양요와 일제강점기 등으로 조국의 품을 잃은 채 떠돈 세월에 책은 풍화와 인재(人災)를 거듭했다. 아직도 먼 타국에 갇힌 바 그 뜻을 전하고자 시인은 몸소 거기에 있음을 말한다. 이게 『직지』에 담긴 "붓다의 뜻"을 이 큰 서사시형(敍事詩型)에다 간추려 담은 뜻이겠다. 여기에 시인은 "불국토인 화엄 연화계" 즉 "불경, 법어, 경전"으로 대이름을 붙인 『직지』를 우리에게 가슴 가득 불을 일으키는 부채 바람처럼 심저 아궁이에 자신의 열의를 태워 보인다. 그는 붓다의 눈으로 "요절"을 보고 있으며 이게 사실 『직지』의 근본 사상임을 설파한다. 결국 『직지』는 경전 이상의 존귀체로 우리에게 다가오도록 주선하는 것이다. 붓다의 손길처럼 표정에 스미는 시중미소처럼 독자를 화엄 세계로 인도해 간다. 그리고 『직지심체요절』이란 책의 내용이 세계 최초 금속활자로 안착해 있음을 붓다의 공력처럼 재확인시켜 주는 시를 전개한다.

  백운은 쉰 네 살에
  중국 호주 석옥청공 선사로부터
  불성을 받아 깨달은 늦깎이 승려

  선사로부터
  불조직지심체요절
  제1권을 받아든 후

  인도 고승인 지공화상을 뵙고
  더 불도를 갈고 닦아
  연등을 밝힌 심정

  안국사, 신광사, 흥덕사
  살림과 불을 맡아
  양성했던 여러 후진들

  성불사에서
  145가 법어를 간추린
  상권 하권

  편집과 저술에 몰입으로

번뇌의 굴레를 벗어나
해탈로 도래한 붓다렷다.

- 「직지심체요절 3」 전문

이 대목은 "백운화상"이 불도를 연마한 편력과 『직지심체요절』을 저술하기까지의 중요 마디들을 소개한 요약 편이다. 시집의 전체 편제를 읽어내는 중요한 아이콘일 법하다. 그 내용은, (1)백운화상이 54세에 석옥청공 선사로부터 『직지』 1권을 전수받은 일[1~2연] (2)지공화상의 지도 아래 불도를 연마한 후 흥덕사 등지로 와서 살림과 불도로 여러 후진을 양성한 일[3~4연] (3)성불사에서 145가 법어를 요약하여 상·하권을 편집, 저술에 몰두한 번뇌와 해탈의 붓다와 같은 인물[5~6연]임을 밝히고 있다.

백운화상은 『직지』를 접하기까지의 과정과 편집, 저술에 몰입한 나머지 해탈(번뇌의 굴레를 벗어난)의 경지에 들어가 있다. 시인은 여기에 온기의 전의(詮議)를 특이한 담론으로 입힌다. 시는 곧 백운화상이 붓다와 같은 인물임을 비견해 보여 그의 출중함을 강조한다.

평론가들은 흔히 시의 종국은 근사(近思)된 미화법에 의해 지배된다고 말한다. 송가형(頌歌型)의 시로 그게 일견 사물과 대상에 대한 과장법일 수가 많다. 이 시에서도 『직지』에 몰입하여 편집·제작한 일을 붓다의 해탈 경지로까지 미화한다. 이런 시인의 묘사는 하나의 과장법 같지만 사실 그 이상의 의미를 지닌다. 역사적으로 백운화상이 이룩한 위업은 결코 시인이 현재에 와서 갈파한 정보 보다는 더 심오, 장대한 업적이기 때문이다. 『직지』가 알려져 있지 않을 시대, "백운화상"에 대해서도 인물 정보가 없던 시대, 그래 이 시는 주관적으로나마 그걸 입증해야 할 필요가 있었을 것이다.

1377년 7월
청주 흥덕사 간행으로

상·하 두 권임에도
윗권은 분실로 전해 오지 않고

지금 볼 수 있는 것은
하권 1책자에 38장

그것도 온전치 않게
첫 장이 떨어져 나간 생채기

프랑스 국립도서관
동양문헌실 금고 깊이 감춰져

해년 날로 더해 가는
직지의 앓음 앓음살이

언제쯤에나
조국으로 돌아올지 모를 일이다.

- 「직지 금속활자본 1」 전문

시인의 『직지』에의 애정투정은 끝이 없다. "1377년 7월 청주 흥덕사"에서 간행되어 "상·하 두 권임에도" 그 가운데 현재 전하는 하권(38장)이 "프랑스 국립도서관 동양문헌실 금고"에 감춰져 있다는 표현을 통하여 『직지』가 숨도

쉬지 못하고 답답해하는 몸부림을 의인화한다. 더불어 시인은 그 안타까움을 표출하고, 『직지』가 "온전치 않게" 그것도 "첫 장이 떨어져 나간 채" 자기 "생채기"를 부여안고 근근 "앓음살이"를 해간다고 걱정을 한다. "언제쯤"에나 "조국으로 돌아올" 날이 있을까 고대하는 마음도 전달한다. 하지만 이 또한 기약할 수 없는 일일 뿐이다. 그러기에 시인의 조바심은 더한다.

『직지』가 조국으로 돌아올 날을 기대하는 것은 시인을 비롯해 우리 국민이라면 누구나 다 바라는 일이다. 다만 시인이 바라는 정도와 우리가 소망하는 그 간절하기가 조금 정도 차가 있을 뿐이다. 시인은 그 간절함으로 이와 같은 시를 빚어냈다. 시의 1~4연은 『직지』의 현재 존재 상황, 그리고 5~6연은 『직지』의 앓음살이와 귀환의 날에 대한 의지로 구성되어 있다. 현존해 있지만 『직지』는 갇혀 있는 몸, 그래서 미래가 불투명할 수밖에 없다. 그는 극복해야 할 간구(懇求)로 결미를 한다.

이렇듯 시인의 절절한 희망은 다음 시에서 더욱 가세되어 가슴을 먹먹히 때린다.

그제 어제에 이어
오늘도 국립도서관 정문에서

"세계 최초 금속활자본 직지는
세계문화유산 제1호로
고려, 조선의 한국으로 반환하라"

크지도 않은 작은 종이 피켓에
이 글을 써 들고 있다가

비는 개이고 계절은 바꿔
송이송이 눈이 내린다

눈은 종이 피켓에서 녹아 번져
잘 보이지 않은 글자

대한민국으로
반환 청구 당당히 알림에도

끝내 일인의 시인은
집회 위반 시위자로

프랑스 정부로부터
강제추방을 당했노라.

―「직지의 돛폭에 안겨 든 바람 6―피켓 일인 시위」 전문

   시인이 프랑스 국립도서관 앞에서 시위한 일을 거침없는 호흡으로 쓴 글이다. 작은 종이에 쓴 바 "세계 최초 금속활자 직지를 한국으로 반환하라"는 피켓 글이다. 눈 내리는 광장에서 시인은 피켓에 기록한 이 말의 힘으로 일인 시위를 한다. 비록 집회 위반자로 지목을 당하고 결국 강제추방을 당했지만 당시의 분노와 서러움을 이처럼 토로한다. 내 물건이지만 내 것이라 말하지 못하는 황당한 현실 앞에 문화재 청구권은 기각도 아닌, 주장자에 대한 추방이라는 프랑스 정부의 명령이 행해지는 것이다.

4.『직지』가 숨겨진 세월, 그 신토불이의 성정을 잃은 지 152년

 말을 바꾸어, 병인양요 때 프랑스에 가 있는 문화재보다도, 일제 침략기에 일본인들이 도굴해 간 국보급 문화재는 가히 천문학적인 숫자로 알려져 있다. 한번 약탈해 간 보물을 지금 찾을 길은 멀다. 그들은 우리가 번히 눈뜨고 있음에도 문화재를 약탈해 갔지만 지금에 반환을 받으려면 그만큼 돈을 지불해야 하는 모순을 겪어야만 한다. 이처럼 분하고 슬픈 일이 또 있을까. 문화재는 우리의 얼과 혼이 담긴 정신적 인격체이다. 지난 시대 침략과 전쟁을 거치면서 해외로 불법 반출된 문화재 목록을 시급히 만들고 이를 청구하는 강한 정책을 펴야 하는 게 이 나라 국회의원과 정부가 할 일이다. 당파의 정쟁(政爭)과 부처(部處)의 책임전가를 멈추고 각성해야 할 일이다. 한국의 품에 안기고 싶어 보채는 아버지 문화재를 그 아들 딸들이 구출해야 함은 당연한 일이다. 한 사례로, 2013년 비싼 비용을 치르고 국내로 반입, 돌아온 〈서산부석사금동관세음보살좌상〉도 일본이 약탈해 간 대표적인 문화재이다. 차제에 일본, 미국, 프랑스, 중국, 러시아 등에 숨어 있는 국보급문화재, 약탈문화재, 밀매문화재, 국외소재 문화재 등 반환 조치만을 기다리는 갇힌 문화재들의 외침을 들어야 하리라.
 다음 시는 이러한 문화재의 외침, 즉『직지』의 숨막힐 듯하게 부르짖는 절규로 인간의 무심한 감정 흐름을 바꾸어 준다.

 나라 안 타향살이도 아닌
 머언 타국살이

 올해로 무려

152년째

고려, 조선, 한국의 맛은
매콤, 짭쪼름, 새콤한 초맛일진대

여기선
살코기, 싱거운 소스로

노린내 배인 몸
날로 야위어 감을

겉장 속장에 흠뻑 먹인
들기름 절임으로 겨우 견디어라

선잠결에도
꿈길로 열리던 강화부 갑곶

다시 문화를 세계로 미래로 내보낼
강화로 가고 가고 싶은 안간힘

더 어둡고 깊은 금고에 감금되어
내 조국에 알린 이 소리 들린가.

─「직지의 돛폭에 안겨 든 바람 10─무려 152년째이니…」 전문

참으로 가상하고도 애잔한 『직지』다. 그렇지 아니한가. 시인은 그를 인격체로 보고 있다. 『직지』는 올해 "152년째"나 된 타국살이로 이미 한국의 맛과 신토불이를 잃고 "노

린내에 배인 몸"으로 차츰 "야위어"만 간다. 그 신음소리를 듣는가. 그나마 우리 선조들의 지혜로운 보관법, 즉 제작 때부터 철저 관리된 "들기름의 절임" 덕분으로『직지』는 겨우겨우 "견디어" 간다. 선잠결에도 떠오른 고국의 "강화부 갑곶", 그곳에 가고 싶은『직지』의 "안간힘"을 듣는다. 이국에 감금되어 "조국에 알린 이 소리"가 그대에게도 "들리는가" 모르겠다.『직지』는 감옥에 갇힌 양심수가 아니다. 본래의 고향 집으로 간절히 가고 싶어 하는, 어버이와 생이별한 자식의 애잔한 몸부림이다. 눈물 없이 이 호소의 부분을 읽는 건『직지』에 대한 죄일 듯도 싶다.

  9개 연으로 나누어 진술한 이 시는 기(1~2연) 승(3~5연) 전(6연) 결(7~9연)의 구성을 보여『직지』가 당하는 현재의 고초와 미래의 한국 품을 그리는 생을 생생하게 직조해 보인다.

  글의 실마리를 바꾸어서, 이 같은 서사시 담론에 바흐친(M.Bakhtin,1895~1975)의 전개과정을 참고할 수도 있을 것이다. 즉 서사시나 소설은 그 시대의 본질적 언어들로 묘사되어야 하지만 그게 현시점에로의 감동을 전언해야 하는 게 중요하다. 다시 말해, 서사시란 이질적인 옛 시대 발화들과 현재의 발화들이 어우러진 문학의 한 아우라로서의 '소우주'라 할 수 있겠다. 바흐친이 설파한 이 예증으로서의 서사시는 거시적 견지에서 바라본 문화사적 통찰이면서 동시에 언어예술의 본래적 탐구라는 두 마리 토끼를 잡아넣는 상자임을 상기시켜 볼 필요가 있다.

  시인이 표현한『직지』의 의인화 기법에다 서사시 담론을 적용한 게 이 같은 과거와 지금의 발화적 차이를 아우르는 담화 형식으로『직지』를 보는 정서적 아우라 사례로 보아도 무방할 듯 싶다.

인출에 들기 위해
짜인 활자면 위에

고루 칠하는 붓솔
유연 먹물이 짙다

평면 진 목판에
반듯이 펼친 창호 백지

인판 틀 뒤집어 들며
백지 위에 살며시 놓고

고루 힘 실어 눌렸다
흔들림 없이 인판을 드니

창호 백지에 찍힌
검은빛 글자가 또렷하다.

- 「흥덕사지에서 12」 전문

  이것은 금속활자로 『직지』를 찍어내는 장면을 상세화하여 묘사한 시이다. 금속활자를 주조하여 드디어 인쇄미학(print aesthetics)을 발휘할 활자들로 조판을 뜨는 등 분주히 움직인다. 마치 영리한 아이가 어깨너머 연주 건반을 익혀 치듯 예리한 눈빛을 닮은 순발력으로 그 아름다움을 포착·제시한다. 활자에 찍히는 자소(字素)가 마치 살아 꿈틀거리는 것 같다. 그래 읽는 이의 가슴을 고동치게 하는 건 당연하겠다. 이 시에서는 찍고 찍히는 모습, 그 인쇄 과정을 단계별로 묘사해 보인다. 즉 (1)짜인 활자면 위에 붓솔로 먹물을 칠하는 단계 (2)창호 백지를 펼쳐 놓은 단계 (3)인판 틀을 뒤집어 백지 위에 놓는 단계 (4)고루 힘을 실어 누르는 단계, 그리고 드디어 (5)또렷이 나타난 검은빛의 글자화의 단계 등이 그러하다. 그걸 세트화된 과정으로 보여주는 시이다. 이때 (5)의 단계는 작업의 완성도에 기대를 거는 그 성취감이 발현되는 순간일 것이다.

　결국 수 번의 공력을 기울여 제작한 활자로부터 찍혀져 나오는 그 인출(印出)의 쾌감은 무엇과도 바꿀 수 없는 성취감이다. 자고로 글 쓰는 우리 문학인은 자신의 글이 인쇄되어 나오는 책, 그러니까 활자로 된 작품을 보는 순간의 쾌감을 잊지 못한다. 특히 첫 작품이 활자화되어 나왔을 때의 감흥이란 무엇과도 비교할 수 없다. 그게 자극되어 고난의 시간이지만 멈추지 않고 글쓰기를 계속하는 힘을 얻는 것이다. 그러니, 그 시대 최초의 인쇄의 장면은 얼마나 더 감격적이었을까. 처음 시도하는 활자로 인쇄되어 나올 때 시각을 자극하는 엔돌핀이 솟구치는 쾌감, 그건 최초의 금속활자라는 것, 하여 감동을 넘어 감격을 무단없이 드러낸다. 역사적 전기로서의 승리의 순간이 아닌가.

　영국의 평론가 겸 역사가였던 토마스 칼라일(Thomas Carlyle, 1795~1881)은 '종이와 인쇄가 있는 곳에 혁명이 있다'는 유명한 말을 남긴 적이 있다. 유구한 역사 속 우리 선조들의 기록정신 그리고 그 기록과 함께 했던 이른바 인쇄의 혁명, 종이의 전기(轉機), 그리고 책의 혁명이 그것이다.

눈을 휩뜨고 다시 봐도
직지란 두 글자

손가락으로 매만져 봐도
직지(直指)가 분명하다

박사는
중국 고서는 제쳐놓고

기운이 오른 손가락 끝으로
갈피를 펼쳐 든 순간

손뿐만 아니라
발끝에서 머리카락 끝까지

찌릿찌릿 감전사되어
몸이 굳어가고 있었다.

―「지하실에서 직지의 재발견 5」 전문

 시인은 오랜 고행과 탐구 끝에 "박병선 박사"가 지하실에서 『직지』를 발견하고 확인하는 모습을 극적으로 보여준다. 그런 시적 엑셀레이터에 독자 또한 속도감에 옴싹 "감전"되듯 "찌릿찌릿"한 느낌을 받는다. 바로 『직지』가 눈앞에 펼쳐져 있듯 순간의 포착이 절묘하고도 탄력적이다. 이 시가 현장의 언어로 씌어졌다는 인식을 갖게 해주는 대표적 부분이다. 마치 박사가 떨리는 손가락으로 책갈피를 넘겨보는 일을 독자 자신도 그렇게 하듯 시연해 보여주는 것이다. 시의 현장성, 아니 현장성을 드러내는 시학은 이처럼 현재형 또는 원형의 동사가 나열될 때 큰 힘을 얻는 법이다. 의태어 "휩뜨고"와 의성어 "찌릿찌릿"에 담긴 감각적 신체어에서 구체화되기도 하지만, 사실은 "손가락으로 매만져" 보는 종이, 그 "기운이 오른 손가락 끝으로 갈피를 펼쳐 든 순간"으로 전해 오는 감각을 튕겨나간 공을 쫓는 선수처럼 잡아냈다. "발끝에서 머리카락 끝까지 찌릿

찌릿 감전사되어 몸이 굳어가고" 있는 박사의 굳센 의지에서, 우리도 신체의 전율과 경련이 반주하듯 실려 오는 것이다.

하지만 그 감격은 곧 비극으로 전환되고 만다. "박병선 박사"의 생의 최후는 밤늦은 시간 도록을 작성하다가 결국 마감되는 것이다. 박사는 집필의 붓을 든 채 책상 앞에서 숨을 거둔다. 밤낮을 가리지 않은 도록 집필, 오로지 『직지』를 살려 내려 한 유일한 목적, 그러기에 그는 『직지』 앞에서 장렬한 전사(戰死)를 한 게 아닐까. 무사(武士)처럼 총칼로 적을 막다가 죽어야만 위대한 건 아니다. 문사(文士)는 서책 앞에서 페이지를 넘기는 손을 멈추며 독사(讀死)하는 장렬이 있다. 그런 박사의 영혼이 지금 『직지』 속에 형형히 살아있을 것이다.

빼앗겨 잊고 잃어버린
나라의 역사를 찾기로

먼 이국 길 나섰던
곱디 고왔던 처녀가

한 세월에 노학자가 되어
바쁨을 의식했을까

프랑스에 있는 문화재
제 2권 도록을 집필 중에

마저 못다 씀이
그 얼마나 한스러웠기에

책상 앞 의자에 앉아
　　붓을 든 채로 영면했으랴

　　이 겨레의 딸
　　서지학자 박병선 박사
　　　　　　　－「직지와 의궤의 대모 2」 전문

　빼앗긴 우리의 독립을 되찾는다는 건 간단한 일이 아니다. 수많은 피를 흘리고 굴욕 앞에 맨주먹으로 싸워야 한다. 일제에 항거한 독립운동도 그러했다. 올해 3·1운동 100주년을 맞는 시기에 목숨을 걸고 싸웠던 독립운동가, 그건 몸의 붓으로 써서 독립을 증명해 보인 참다운 애국이란 책이었다. 마찬가지로 먼 이국에서 우리의 정신과 문화재의 소재를 밝혀 우리의 것으로 소유하려는 작업 또한 그에 못지않은 애국의 책을 쓰는 일이다. 하여, "박병선 박사"를 "겨레의 딸"로 칭한 데서 한 치 옆으로 나간 말이 아니다. 겨레의 붓으로 상징되는 그녀는 꽃다운 젊음, 아니 생의 전부를 우리의 잃어버린 정신사를 찾고 쓰는 일에 바쳤다. "책상 앞 의자에 앉아 붓을 든 채로 영면"한 숭고한 박 박사의 뜻을 객관적으로 드러낸 이 시 앞에서 우리는 뭉클, 가슴을 젖혀 붓날을 덧댈 수밖에 없게 된다.

　　양병산 기슭에
　　안겼던 흥덕사

　　바랬던 소망이
　　등불로 밝혀짐에

　　세계적으로 처음이란

가슴 벅찬 희열

한나라 백의민족
정신문화의 산실

영롱히 빛무리 진
세계 최초 인쇄문화

자랑스런 지혜와 슬기
같은 숨결 얼로

고려에서 온누리로
먼동 튼 햇살마루

- 「유네스코 등재 2」 전문

    흥덕사에서 주조하여 찍은 『직지』는 박병선 박사의 소원대로, 아니 시인이 고대하던 대로, 아니 그것도 아니다. 우리 민족이 고대하던 대로, 그리고 더 나아가 "세계 최초의 금속활자"라는 자격으로 성취는 이루어졌다. 『직지』가 유네스코의 세계 문화유산에 등재된 것이다. 결국 우리의 역사적 진실과 사실을 박사의 혼신이 연단을 치지 않고도 웅변하여 세계인의 감동을 끌어낸 셈이다. 우리는 『직지』를 찍어낸 주조 금속활자가 서양의 구텐베르크(Johannes Gutenberg, 1394~1468)의 인쇄술보다 앞선 일이었다고 배웠다. 그러나 반박할 논증이 없었고 사초(史草)도 없었다. 막연한 기록에 의존하여 역사 선생님들이 그렇게 교육해 왔다. 그래, 그 당시에는 '구텐베르크 인쇄'가 최초라는 월계관을 쓰고 있었던 걸 기억한다. 박병선 박사도 그런

배운 시절을 떠올리며 『직지』를 찾아 찾아서 우리 민족의 것임을 증명해야 한다는 일념으로 유학의 길에 올랐던 게 아닌가.

5. 『직지』의 발전과 〈직지상〉 제정의 의의

소수 권력계층이 독점하던 지식을 대중들에게 확산하는 데, 큰 기여를 한 게 바로 인쇄술이다. 그에 수반된 게 책이다. 오늘날 홍수처럼 쏟아지는 다양한 인쇄 매체와 정보 통신도 그것의 힘이 바탕을 이룬다. 금속활자 인쇄본인 『직지』이후 선조들의 뛰어난 인쇄기술은 일본을 비롯한 동아시아 여러 나라에 전달되었다. 이제 2004년 4월 28일 유네스코에서는 세계 최초 금속활자 인쇄본인 『직지』의 정신을 이어가는 사람들을 위한 특별한 상인 〈직지상〉을 제정하기에 이른다. 실로 흥덕사의 주조 활자 이후 627년만의 일이다. 그건 백운화상과 그 팀원, 그리고 박병선 박사의 피와 땀과 눈물의 결산이다. 기록문화의 보존과 활용에 세계적으로 크게 공헌한 사람들에게 수여하는 이 상은 2년 간격으로 시상하고 수상자에게는 3만 달러가 지급된다. 참고로 2005년 제1회 〈직지상〉 수상자는 체코의 국립도서관(Czech the National Library)이었다. 약 6백만 권이 넘는 책들을 보유하고 있는 세계적인 도서관으로 대중들의 접근성을 높이는데 앞장서고 있음이 인정받아 수상했다.

이처럼 오늘날 『직지』가 세계화된 것은 이 시집에서 이야기한 박병선 박사가 이룩한 노력과 업적의 결과이다. 진실은 결코 감춰지지 않는다는 진리가 작동된 하늘의 법칙이다. 이제 그의 공헌에 삼가 머리를 숙인다.

6. 현대 서사시집의 개괄과 이 서사시집의 발전 방향

무릇 시가 비유와 상징의 틀로만 이야기되는 게 아님을 이 시집을 통해 논변적 자리가 확장되어졌다고 본다.

문학사에서 서사시집은 그리 많지 않다. 김동환의 『국경의 밤』(1925)이 최초이며, 김안서의 『먼동 틀 제』(1930)가 다음으로 잇는다. 서사시의 대상 인물로는 이순신 장군의 일대기가 수적으로 많다. 가령, 김용호의 『남해찬가』(1952), 김해성의 『남해의 북소리』(1991) 같은 유형이다. 김해성은 『영산강』(1965), 『치악산』(1977) 등의 장편서사시집도 간행한 바 있어서 서사시인으로 칭한 적도 있다. 모윤숙의 『논개』(1974)는 미적 표현이 승한 시집이다. 최근 안명옥의 첫 전작 서사시집 『소서노』(2005)가 문제작으로 평가 받은 일도 있다. 여기에는, 고구려와 백제를 세운 최초의 국모요 여걸 '소서노'가 고조선 영토회복의 꿈을 품고 고주몽을 도왔지만 끝내 그에게 배신당하고 남하하여 두 아들 비류와 온조의 싸움 과정에서 죽은 비운의 여인을 조명한 서사시집이다. 송수권의 『달궁 아리랑』(2010)도 지리산 속 빨치산의 내력을 엮은 서사시집으로 유명세를 탔다. 최근 고창근의 『아리랑 아라리요』(2017)도 발표되어 주목을 받기도 했다. 함에도 이 모두 서사의 무대가 인물이나 지역 중심으로 집필된 특징이 있다.

그러나 이번 강산에늘봄잔치 시인이 펴내는 『직지의 돛폭에 안긴 바람』은 인물이 아닌, '직지'라는 문화재의 일대기를 의인화로 다룬 독특한 서사시집이다. 나아가 이 서사시집이 『직지』와 그 발생 연원, 그리고 『직지』를 찍은 금속활자의 위상, 그것이 세계 최초라는 위업을 두고 『직지』의 모두를 밝혀내는 데에 투혼한 박병선 박사의 인물에 관하여, 송구한 마음으로 다가간 이른바 겸애의 시학이란 점이 남다르다고 여긴다. 이런 점에서, 앞으로 독자의 눈길과

평자의 논평거리를 모을 수 있겠다. 다만 『직지』를 알리는 정보 보다는 거기 담긴 정성과 영혼이 주가 되는 후속 시를 더 탐구해야 한다는 조건을 단다. 그렇다면 세계 최초 금속활자의 문화재 『직지』를 다루고 있음에, 역사적 한 전기(轉機)를 긋는 큰 서사시집이 될 것이다. 묵직한 이 서사시집을 상재하여 출간한 바, 마치 안방 윗목에 자리한 옛 어머니의 시루떡 차림상 앞에서처럼 비손의 마음으로 축하드린다.

끝으로, 『직지』에 나오는 말로 스스로 경계하는 마무리에 대한다.
달마선사는, "직지인심(直指人心) 견성성불(見性成佛)"이라 했다. 이는 궁극적인 물음, 그대의 존재는 무엇인가, 그리고 어떻게 존재해야 하는가를 살피는 관점이다. '별난 지식과 양식거리를 찾아 밖으로 헤매지 말고 그대 본래 마음의 자리만을 바로 보면 부처의 뜻을 알게 된다'는 의미이다. 이는 사람들을 가르치려 들지 않고 오로지 자신의 마음을 바로 지켜가는 데만 집중하라는 것으로, 특히 요즘에 밖으로 드러내기 좋아하는 사람들, 그리고 필자도 귀담아야 할 금언이겠다.

@김원용 『한국 고활자 개요』 문헌 참조

직지의 돛폭에 안긴 바람

초판 인쇄 | 2019년 3월 22일
초판 발행 | 2019년 3월 27일

지은이 | 강산에늘봄잔치
펴낸이 | 김태례
펴낸곳 | 미디어민
주　소 | 광주광역시 광산구 사암로 171번길 60(우산동)
전　화 | 062)971-0923
팩　스 | 062)971-0929
등　록 | 2004년 11월 4일 제2-35호

ISBN 979-11-86094-26-6
값 20,000원

잘못된 책은 교환해 드립니다.
이 시집은 한국예술재단 창작지원금으로 발간하였습니다.